MÉTHODE DE lecture SYLLABIQUE

Nicolas Toulliou
Professeur des écoles

Illustrations
Pascale Boutry

L'apprentissage de la lecture en 5 questions

> « Que la lecture, bien maîtrisée, soit la clé de tout savoir est une évidence qu'il est inutile de rappeler. Toutes les connaissances nous viennent par les livres ou les diverses façons de reproduire un texte par écrit ; tous les rêves de l'humanité, qui nous accompagneront dans la suite, sont inscrits dans les livres et se communiquent essentiellement par la lecture. Qui plus est, la lecture est le seul vrai moyen de communication ; à côté des livres, elle sert à transmettre toutes les instructions, les explications, les prises de partie, comme toutes les impressions et les sentiments de ceux qui nous sont chers et ne sont pas près de nous. »
>
> (Jacqueline de Romilly de l'Académie française, dans la préface du *Guide des méthodes de lecture à la maison*)

Quand mon enfant commence-t-il à apprendre à lire ?

- **Avant son entrée à l'école**, le livre a été introduit dans son univers dès son plus jeune âge :
  - livres souples à manipuler,
  - livres que vous lui avez lus lors de l'histoire du soir par exemple,
  - repérage des signes écrits lors de vos activités avec lui, premières visites à la bibliothèque…

- **Dès l'école maternelle**, il se prépare à apprendre à lire et à écrire. À la fin de la Grande Section, il est capable de :
  - différencier les sons,
  - distinguer les syllabes d'un mot prononcé,
  - reconnaître la plupart des lettres de l'alphabet,
  - mettre en relation des lettres et des sons.

Toutefois, c'est au **CP** que votre enfant apprend à lire et à écrire **officiellement**.

Pourquoi l'année du Cours Préparatoire est-elle l'étape officielle de l'apprentissage de la lecture ?

Des études scientifiques ont permis de savoir que vers 5-6 ans, l'enfant possède les clés nécessaires pour commencer l'apprentissage systématique de la lecture. Des tests ont en effet prouvé que des connaissances sont présentes dans son cerveau concernant :
- le repérage des sons de sa langue,
- le vocabulaire de plusieurs milliers de mots,
- la maîtrise dans son langage des principales structures grammaticales de sa langue.

C'est pourquoi l'entrée au CP marque le début de l'apprentissage de la lecture. L'enfant va pouvoir mettre ses acquis implicites antérieurs au service d'acquisitions raisonnées qui feront de lui un lecteur autonome.

Que faire si mon enfant veut apprendre à lire avant le CP ?

Si votre enfant manifeste de lui-même le désir d'apprendre à lire, accédez à sa demande car il n'y a aucune raison de freiner sa soif de découverte.
Toutefois, que l'enthousiasme collectif ne vous fasse pas oublier certaines règles :
- adapter l'apprentissage à son rythme,
- prendre en compte la disponibilité des adultes qui l'accompagneront,
- bannir les séances quotidiennes (2 ou 3 par semaine suffisent),
- les répartir en ménageant des « plages » de repos entre chacune,
- ne pas consacrer plus de 30 minutes par séance (installation et rangement inclus),
- ne pas envisager trop rapidement de brûler les étapes : le CP est une classe d'apprentissages importants dans tous les domaines et pas uniquement celui de la lecture.

Quand utiliser la méthode Chouette avec mon enfant ?

- **Avant 6 ans**, la méthode Chouette familiarise votre enfant avec la lecture en créant avec lui un lien affectif et didactique pour apprendre pas à pas sans lassitude et sans fatigue.
- **Au CP**, cette méthode apporte un vrai complément à n'importe quelle méthode utilisée par l'enseignant grâce à sa progression basée sur la fréquence des sons dans la langue et le réinvestissement immédiat des acquis dans des phrases puis des textes.
- **À la fin du CP et tout au long du CE1**, support idéal pour la révision des bases, elle permet aussi d'aborder sereinement l'apprentissage de l'orthographe et facilite l'entrée dans l'écrit.

Pourquoi des conseils aux parents en marge des pages de lecture ?

« Les conseils parents » placés à droite des différentes parties de la leçon fournissent des pistes pour accompagner votre enfant, sans pour autant vous transformer en enseignant.

- **Placés en face de la lecture des syllabes**, ils vous indiquent comment mettre en scène le dessin montrant la position de la bouche pour prononcer le son étudié. L'usage d'une glace pour que votre enfant se voit en prononçant ou l'utilisation des doigts sur certaines parties du visage ou du cou permettent de mieux mémoriser le son et de prévenir certaines confusions.
- **Placés en face des autres parties,** ils retiennent votre attention sur :
  - la sensibilisation à une règle d'orthographe (un « s », deux « s » - « m » devant m, b, p…),
  - l'importance de la ponctuation dans la compréhension et la lecture d'une phrase,
  - la possibilité de faire des liaisons pour fluidifier la lecture et augmenter sa vitesse,
  - les perspectives de lecture à plusieurs voix pour donner vie et sens au dialogue,
  - les cas exceptionnels d'orthographe (accents : là, voilà ; mots de liaison : et…).

Derniers conseils de l'auteur :
- Décidez d'être partenaire de l'apprentissage de la lecture de votre enfant pour tisser un lien fort avec lui.
- Manifestez confiance et fierté devant ses résultats pour alimenter sa soif d'apprendre.

Mode d'emploi

La méthode de lecture **Chouette** est une méthode syllabique traditionnelle qui permet à votre enfant d'apprendre à lire vite et bien. Elle prend appui sur le résultat des **expériences du passé** ayant fait leurs preuves.

➜ On ne va vite qu'en progressant lentement pour obtenir les résultats les plus solides et les plus sûrs.

Construite selon une **progression claire et rigoureuse**, la méthode propose :
– l'étude d'**un son par page,** en commençant par les plus fréquents ;
– **des doubles pages de « pause »** réparties régulièrement pour **lire un texte** et valider les acquis dans la bonne humeur et le plaisir ;
– **une histoire complète** à la fin de l'ouvrage, que votre enfant sera fier de lire avant d'écrire son nom sur le **Diplôme du bon lecteur.**

➜ La fixation des notions dépend de la présentation.

Chaque page présente l'étude d'un son en **4 étapes**.

1. Découvrir le son nouveau

➜ La notion doit être accrochée à un symbole concret qui en assure la mémorisation visuelle, auditive et affective.

Le son étudié est présenté par :
– **un mot repère illustré,** avec le son écrit en rouge ;
– **l'écriture du son** dans les différents styles de caractères utilisés dans les ouvrages et le quotidien.

2. Mémoriser phonétiquement le son nouveau

➜ Les mécanismes doivent être sûrs pour que le mot nouveau ne soit jamais tout à fait inconnu de l'enfant.

Cette étape propose :
– **un visage d'enfant** reproduisant le son pour inciter le jeune lecteur à l'imiter, en se regardant dans une glace par exemple, afin de ressentir les vibrations produites par le son dans son nez, sa gorge... et ainsi de le mémoriser physiquement. Cette prise de conscience phonique est une prévention des confusions éventuelles entre plusieurs sons ;

– **des assemblages** de lettres avec le son étudié pour s'entraîner à lire **des syllabes** ;
– **une ligne de syllabes** pour faire ses « gammes » et mettre en place des mécanismes sûrs.

3. Retrouver concrètement le son nouveau dans des mots

➜ Une utilisation pédagogique du dessin et une typographie qui conduit rapidement à lire avec la vitesse et l'intonation du langage favorisent la lecture courante.

La lecture de chaque mot passe par 3 étapes :
– **l'illustration,** pour s'approprier le sens du mot à lire et enrichir son vocabulaire, complément indispensable de l'apprentissage de la lecture ;
– **le mot** contenant le son écrit en rouge, découpé en syllabes assemblées dans un puzzle ludique (jusqu'à la page 49) pour renforcer la mémoire visuelle ;
– **l'écriture du mot** dans des réglures de cahier d'écolier pour aussi apprendre à lire dans une écriture manuscrite.

4. Tout lire en s'appuyant sur ses acquis

➜ Devenir lecteur, c'est progresser en même temps dans le déchiffrage, la compréhension, l'intonation, la syntaxe et l'orthographe.

Dans cette dernière étape :
– votre enfant voit et revoit sans cesse ses acquisitions en y ajoutant le son nouveau et quelques mots-outils, grâce à **une liste de groupes de mots** et à **des phrases** ;
– les syllabes dans les mots sont très sensiblement espacées jusqu'à la page 27 ;
– les **lettres muettes** sont grisées ;
– les **liaisons** sont indiquées par une cuvette bleue ‿ ;
– les phrases sont de **types différents**, n'excluant ni majuscule ni ponctuation.

Afin d'aider votre enfant, il est essentiel :
– de vous assurer que la leçon est bien **assimilée** avant de passer à la suivante ;
– de respecter son **rythme** d'acquisition ;
– de consacrer une **courte séance** à chaque page ;
– de **fractionner la leçon** si nécessaire ;
– et, bien sûr, d'**encourager** ses réussites et ses progrès.

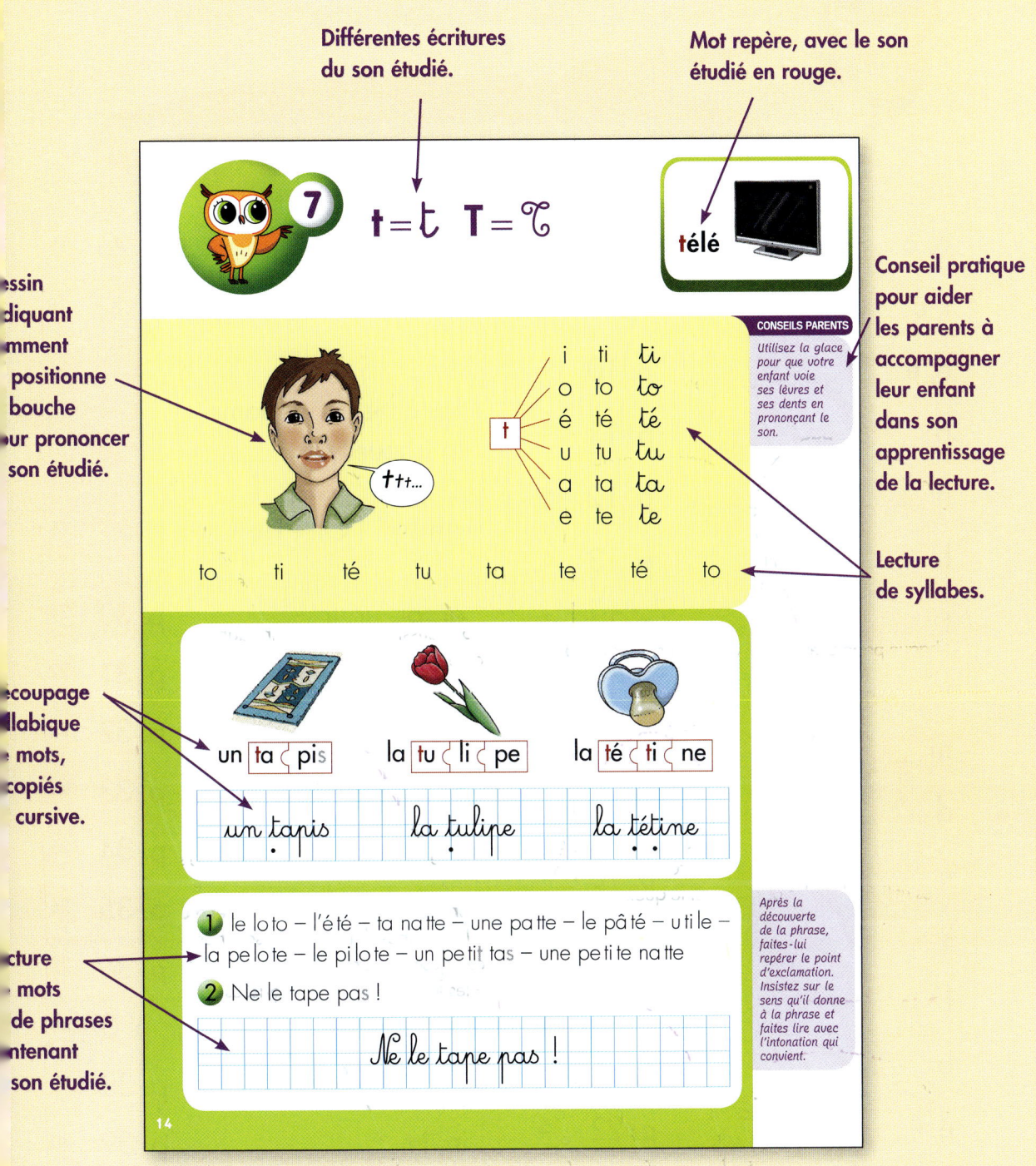

Sommaire

Tu peux colorier le numéro de chaque leçon ou page de lecture dès que tu l'as lue.

a, o	p. 8	1
i, u	p. 9	2
e, é	p. 10	3
p	p. 11	4
n	p. 12	5
l	p. 13	6
t	p. 14	7
r	p. 15	8
m	p. 16	9
d	p. 17	10
c	p. 18	11
s	p. 19	12
f	p. 20	13
b	p. 21	14
è, ê	p. 22	15
v	p. 23	16
g, gu	p. 24	17
ch	p. 25	18
les, des, mes	p. 26	19
ol, al, il, ul, as, ic, is, os	p. 27	20

Lecture 1 :
Les amis de madame la Chouette ..... p. 28 1
Lecture 2 :
Ah ! Hi ! Oh ! Hu ! ..... p. 29 2

ar, or, ur, ir	p. 30	21
ou	p. 31	22
j	p. 32	23
z	p. 33	24
an, am	p. 34	25
en, em	p. 35	26
et	p. 36	27
cr, br, vr, tr, pr, fr, dr, gr	p. 37	28
pl, cl, fl, gl, vl, bl	p. 38	29
in, im	p. 39	30
c = « s »	p. 40	31
on, om	p. 41	32
s = « z »	p. 42	33

oi	p. 43	34
ai, ei	p. 44	35
qu	p. 45	36
ç	p. 46	37
el, ec, ef, es, er, ep, ed	p. 47	38
ell, ess, ett, enn, eff, err	p. 48	39
ez, er, ier	p. 49	40

**Lecture 3 :
Monette, la chouette, mène l'enquête (1)** ...... p. 50 (3)

eu, œu	p. 52	41
gn	p. 53	42
au, eau	p. 54	43
ge, gi	p. 55	44
ph	p. 56	45
eur, œur	p. 57	46
oin	p. 58	47
ill, eill	p. 59	48
aill, euill, ouill	p. 60	49
ain, ein	p. 61	50
k, ch = « k »	p. 62	51
ail, eil, euil, ouil	p. 63	52
ion	p. 64	53
ien	p. 65	54

ian, ieu	p. 66	55
ti = « si »	p. 67	56
ui	p. 68	57
st, sp, sl, sc, sk, squ, sph	p. 69	58
y = « ii »	p. 70	59
x	p. 71	60

**Lecture 4 :
Monette, la chouette, mène l'enquête (2)** ...... p. 72 (4)

y	p. 74	61
x = « gs », « s », « z »	p. 75	62
w, ï	p. 76	63
um, emme	p. 77	64
ent	p. 78	65

**Lecture 5 :
Je lis un e-mail** .... p. 79 (5)

**Lecture 6 :
Je lis un texte documentaire** .... p. 80 (6)

**Lecture 7 :
Je lis une poésie** .... p. 82 (7)

**La grande histoire :
Lucien et l'arbre chouette** p. 83 ( )

Le diplôme du bon lecteur p. 93

Abécédaire p. 94

1

a = a   A = A   o = o   O = O

ananas     domino

avion    âne    kimono 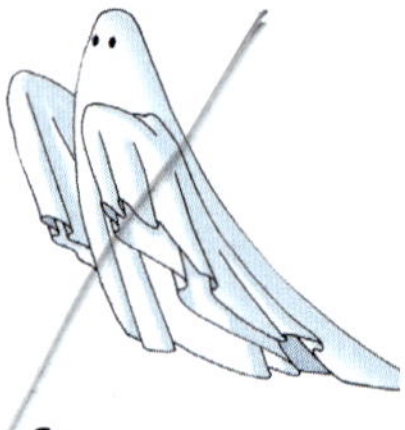   fantôme

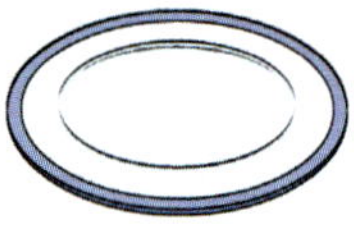

assiette    banane    yoyo    orange

wagon    radis    perroquet    carotte

a – o – o – a – a – a – o – o – a – o

2   i = i   I = I   u = u   U = U

iii... **i**gloo   **u**uu... **u**niforme

h**i**bou — **î**le   l**u**ne — j**u**pe

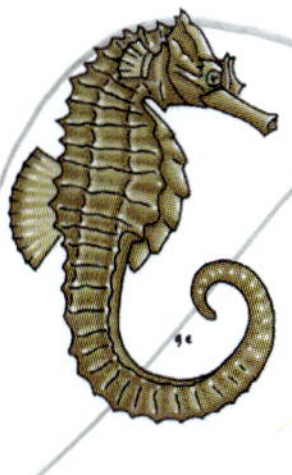

h**i**ppocampe — n**i**d   pl**u**me — p**u**ll

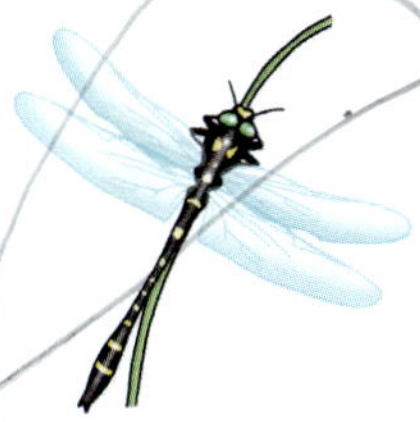

l**i**bellule — k**i**wi   t**u**lipe — m**û**re

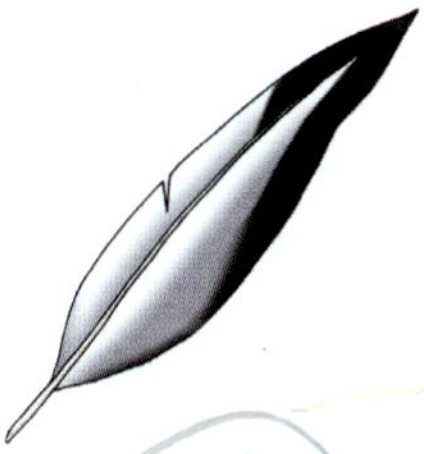

i – u – i – u – u – o – u – i – a – o – u – i

9

e = *e*   E = *E*   é = *é*   É = *É*

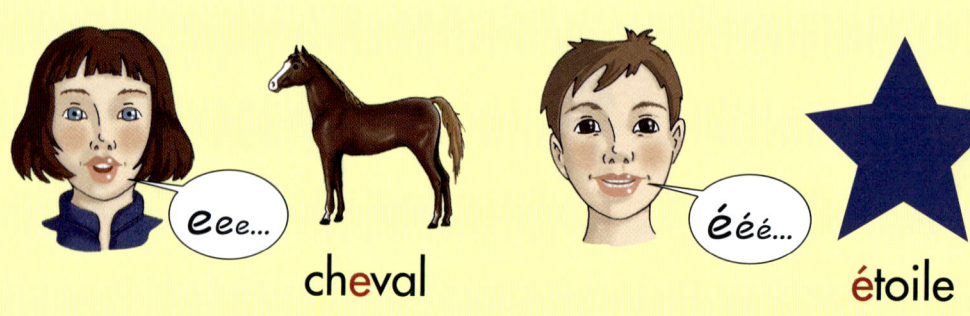

cheval — étoile

cerise    jeton   fée   lézard

grenouille   poule   poupée   épée

fenêtre   table   téléphone    éléphant

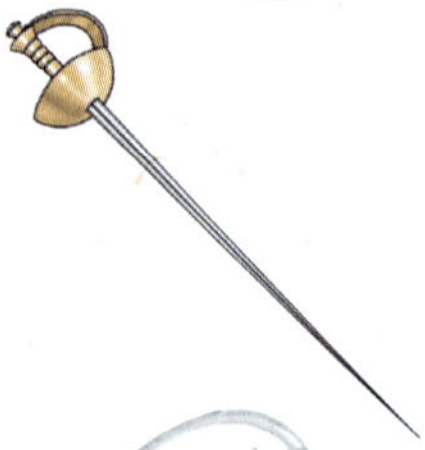

e – é – é – e – a – o – u – é – i – e – é – u

4   p = p   P = P

pie

ppp...

p	a	pa	pa
	e	pe	pe
	i	pi	pi
	o	po	po
	u	pu	pu
	é	pé	pé

pa   pe   pi   po   pu   pé   pa   pe

CONSEILS PARENTS

Demandez à votre enfant de placer sa main devant sa bouche en prononçant le son pour qu'il sente un souffle. Cette étape est importante, tant pour mémoriser physiquement et phonétiquement que pour prévenir d'éventuelles confusions.

Présentez **et** comme un petit mot fréquent et unique.

é - pée   pa - pa et pa - pi

épée   papa et papi

1) pot – pi pe – pé pé
2) Papa et Papi.

Papa et Papi.

5 n = 𝓃 N = 𝒩

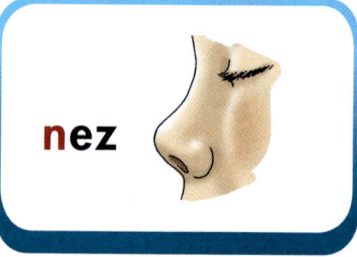

nez

n → a na 𝓃𝒶
e ne 𝓃𝑒
i ni 𝓃𝒾
o no 𝓃𝑜
u nu 𝓃𝓊
é né 𝓃é

na   ne   ni   no   nu   né   ne   no

une na ppe   un nid   un â ne

une nappe   un nid   un âne

① une a nnée – une pa nne – une é pi ne

② Papa a puni Annie.

Papa a puni Annie.

CONSEILS PARENTS

Demandez à votre enfant de placer un doigt sur un côté de son nez pour ressentir la résonnance du son.

un est à mémoriser. Faites remarquer l'accent circonflexe sur le **a** de **âne** et insistez sur la prononciation.

Pour lire la phrase, entraînez votre enfant à :
- lire chaque mot,
- lire la phrase d'une seule traite en baissant la voix au point.
C'est simple et efficace, tant pour la compréhension que pour la lecture fluide à haute voix.

6 l = *l*   L = *L*

lune

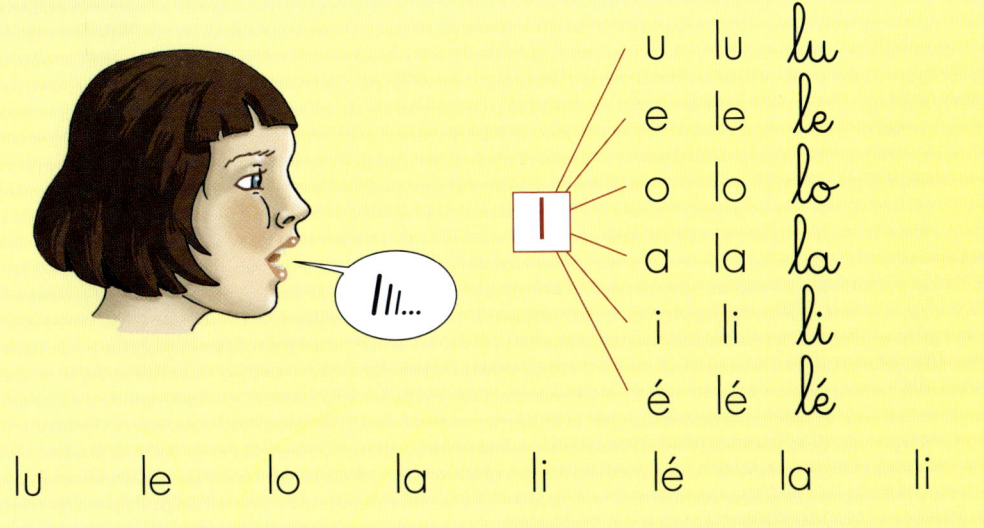

u	lu	*lu*
e	le	*le*
o	lo	*lo*
a	la	*la*
i	li	*li*
é	lé	*lé*

lu   le   lo   la   li   lé   la   li

le lit   la pi le   le li las

le lit   la pile   le lilas

CONSEILS PARENTS

Munissez-vous d'une petite glace à placer devant votre enfant pour qu'il voie sa langue remonter sur son palais en prononçant le son.

① l'î le – le lot – nu lle – po li – la pi lu le

② Aline est là.

Aline est là.

Faites repérer:
- l'apostrophe après **l** dans **l'île**,
- l'accent circonflexe sur le **i** de **île**.
- l'accent sur le **a** de **là** dans la phrase en faisant remarquer que **là** = **ici**.

7

t = t   T = T

télé

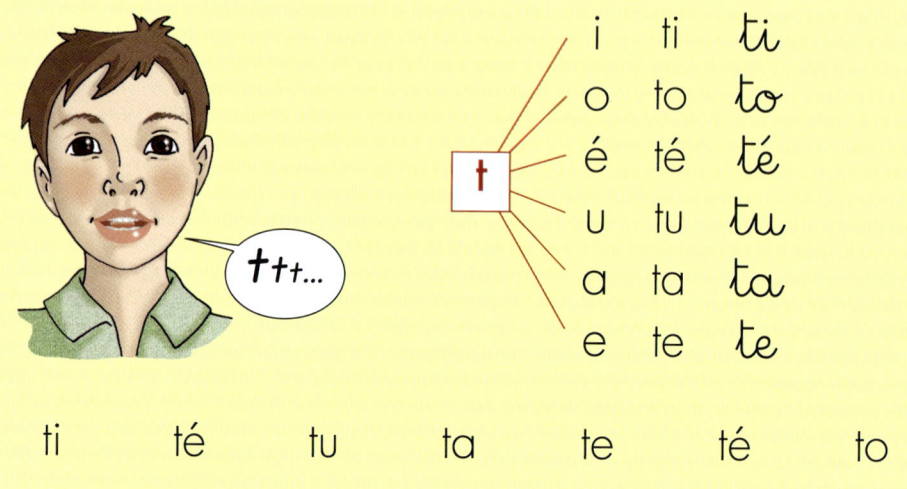

i	ti	ti
o	to	to
é	té	té
u	tu	tu
a	ta	ta
e	te	te

to   ti   té   tu   ta   te   té   to

CONSEILS PARENTS

Utilisez la glace pour que votre enfant voie ses lèvres et ses dents en prononçant le son.

un ta·pis   la tu·li·pe   la té·ti·ne

un tapis   la tulipe   la tétine

① le lo to – l'é té – ta na tte – une pa tte – le pâ té – u ti le – la pe lo te – le pi lo te – un pe tit tas – une pe ti te na tte

② Ne le tape pas !

Ne le tape pas !

Après la découverte de la phrase, faites-lui repérer le point d'exclamation. Insistez sur le sens qu'il donne à la phrase et faites lire avec l'intonation qui convient.

8   r = r   R = R

r a t

i	ri	ri
o	ro	ro
a	ra	ra
u	ru	ru
e	re	re
é	ré	ré

rrr...

ro   ru   ra   ro   re   ri   ré   ru

CONSEILS PARENTS

Demandez à votre enfant de placer un doigt comme sur l'illustration pour ressentir la résonnance du son au fond de sa gorge.

un a ra

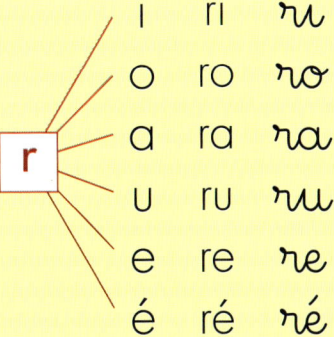
le pi ra te

li re

un ara   le pirate   lire

① la rue – le rôle – un rôti – ri re – la pu rée – la pa ro le – une ti re li re

② Papa ira à Paris.

Papa ira à Paris.

Faites repérer l'accent circonflexe sur le **o** dans **rôle** et **rôti**.

9 m = m   M = M

moto

CONSEILS PARENTS

Utilisez une glace pour que votre enfant voie ses lèvres en prononçant le son.

mmm...

m →
- e me me
- o mo mo
- u mu mu
- é mé mé
- a ma ma
- i mi mi

mu   mi   ma   mo   mé   me   ma   mé

Faites-lui repérer les lettres doubles (ma**ll**e, po**mm**e). Observez que la prononciation du mot ne change pas.

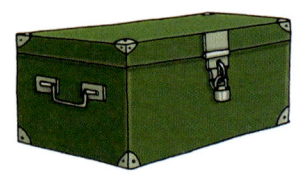
une ma|lle

la po|mme

le la|ma

une malle   la pomme   le lama

Montrez-lui le signe qui indique la liaison (un_ami). Indiquez l'utilité de la liaison pour faciliter la lecture.

① un mot – la mule – ma mamie – un_ami – la mare – mille – une mûre – le numéro – la météo

② La tomate est molle.

La tomate est molle.

10 d = d   D = 𝒟

dé

ddd...

d — u du du
  — o do do
  — é dé dé
  — a da da
  — i di di
  — e de de

du   di   da   dé   do   de   da   dé

CONSEILS PARENTS

Utilisez une glace pour que votre enfant voie l'ouverture de ses lèvres en prononçant le son.

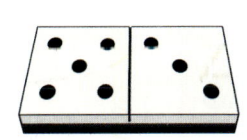
un do·mi·no

la pé·da·le

mi·di

un domino   la pédale   midi

① le dos – le radis – dodo – une idée – dire – timide – de la pommade – une moto rapide

② Naomé m'a dit : « La dame est malade. »

Naomé m'a dit : « La dame est malade. »

Attirez l'attention de votre enfant sur les guillemets précédés des deux points. Précisez leur utilité dans la phrase. Puis faites-le lire avec la bonne intonation.

11 c = c   C = 𝒞

canne

Ccc...

c
- a   ca   ca
- o   co   co
- u   cu   cu

cu   ca   co   ca   cu   co   ca   co

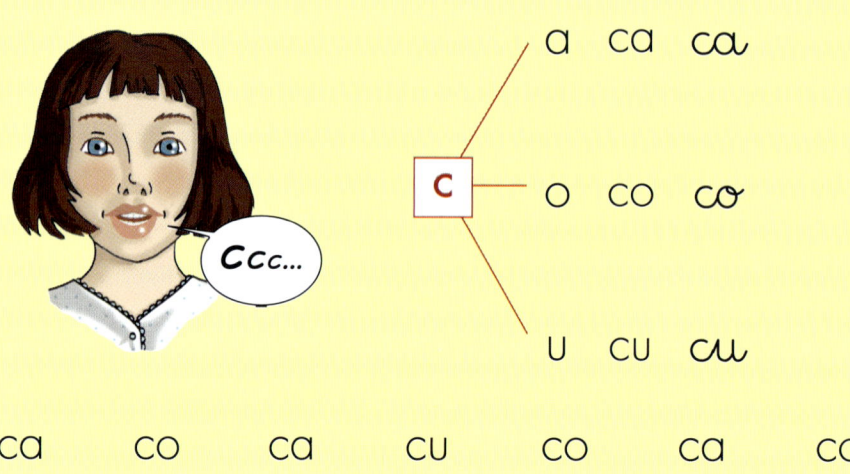

la ca ⟨ ro ⟨ tte   une cu ⟨ lo ⟨ tte   le co ⟨ lis

la carotte   *une culotte*   *le colis*

① un carré – ta cape – le canot – l'école – un canapé – la caméra – le canari – de la colle – du coca-cola

② Ma copine colorie à côté de Coralie.

Ma copine colorie à côté de Coralie.

CONSEILS PARENTS

Utilisez une glace pour que votre enfant voie l'ouverture de sa bouche en prononçant le son. En vous appuyant sur l'arbre des syllabes, faites nommer les voyelles qui suivent la lettre **c** pour faire le son (**a, o, u**).

Arrêtez-vous sur le mot composé **coca-cola** et précisez l'utilité du tiret.

Cette phrase longue est à lire en articulant bien et en ne s'arrêtant qu'au point final. Un petit entraînement sera sûrement nécessaire !

12   s = s   S = S

siro**p**

i	si	si
é	sé	sé
e	se	se
u	su	su
o	so	so
a	sa	sa

se   si   su   sa   sé   so   se   sé

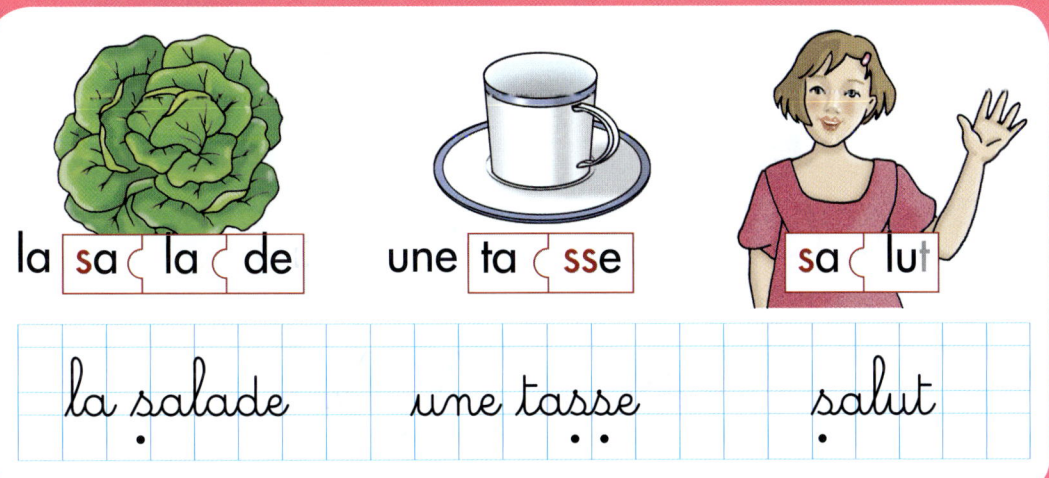

la **sa**·**la**·**de**   une **ta**·**sse**   **sa**·**lut**

la salade   une tasse   salut

① la sole – la série – samedi – la sonnerie – un petit somme – un lasso – la pâtisserie – du tissu – dessus

② Thomas s'est assis.

Thomas s'est assis.

CONSEILS PARENTS

Utilisez une glace pour que votre enfant voie la position de ses lèvres et de ses dents. Faites siffler le son le plus longtemps possible.

Apportez une attention particulière aux mots comportant deux **s**. Faites nommer la position de ces doubles lettres : entre **a** et **o** pour **lasso**, entre **i** et **u** pour **tissu**, etc.

13   f = *f*   F = *F*

fumée

a	fa	*fa*
e	fe	*fe*
i	fi	*fi*
o	fo	*fo*
u	fu	*fu*
é	fé	*fé*

fa   fe   fi   fo   fu   fé   fa   fe

la **fée**   la **fa ri ne**   une **ca ra fe**

la fée   *la farine*   *une carafe*

① une fi le – un fo ssé – du ca fé – la fi na le –
la ra fa le – l'a né mo ne fa née

② File !

File !

CONSEILS PARENTS

Demandez à votre enfant de placer sa main devant sa bouche pour ressentir le souffle en prononçant le son.

Les groupes de mots comme *l'anémone fanée* se lisent avec la même méthode qu'une phrase. Rappelez à quoi sert le point d'exclamation (!) et faites-lui lire la phrase avec la bonne intonation.

14 b = 𝓫   B = 𝓑

bébé

e	be	𝓫𝓮
é	bé	𝓫𝓮́
o	bo	𝓫𝓸
u	bu	𝓫𝓾
a	ba	𝓫𝓪
i	bi	𝓫𝓲

bbb...

ba   bé   be   bu   bo   bi   bé   bo

CONSEILS PARENTS

Utilisez une glace pour que votre enfant voie ses lèvres qui s'avancent légèrement en avant en prononçant le son.

la ba(lle   la ro(be   une ba(na(ne

la balle   la robe   une banane

① un tu be – la bo sse – le ro bot – un bo a – le cu be – la ca bi ne – la ba ssi ne – i mmo bi le

② La cabane n'est pas habitée.

La cabane n'est pas habitée.

Si la liaison dans **pas habitée** vient naturellement, approuvez en disant que parfois une lettre muette ne l'est plus quand elle sert de liaison.

15

è / ê = è / ê
È / Ê = Ɛ

tête

	è	pè	pè
p	ê	pê	pê
r	ê	rê	rê
	è	rè	rè

èèè...

pè   tê   rê   fè   mè   lè   sè   bê

CONSEILS PARENTS

Utilisez une glace pour que votre enfant voie l'ouverture bien grande de sa bouche en prononçant le son.
Faites tracer virtuellement chaque accent avec la main au-dessus de la tête. Les nommer : accent grave, accent circonflexe.

le pè re   la mè re   une fo rêt

le père   *la mère*   *une forêt*

① une mê lé e – la fê te – l'a rê te – la co lè re – une ca ra fe fê lé e – une bê te tê tu e

② Tu ne recopies même pas le modèle.

Tu ne recopies même pas le modèle.

16 v = 𝓋   V = 𝒱

vélo

a	va	𝓋𝒶
é	vé	𝓋é
e	ve	𝓋ℯ
o	vo	𝓋ℴ
è	vè	𝓋è
u	vu	𝓋𝓊

vvv...

va   vé   vu   vi   vo   ve   vè   vê

CONSEILS PARENTS

Demandez à votre enfant de placer un doigt sur sa bouche pour sentir vibrer le son en le prononçant.

la vi pè re

le na vi re

l' é lè ve

la vipère   le navire   l'élève

*Insistez sur le mot **élève** en faisant repérer les deux accents.*

① la cuve – la cave – la ville – un rêve –
une vidéo – l'olive – le favori – la vérité – sévère

② La locomotive va vite.

La locomotive va vite.

17   **g / gu** = g / gu
       G = G

guitare

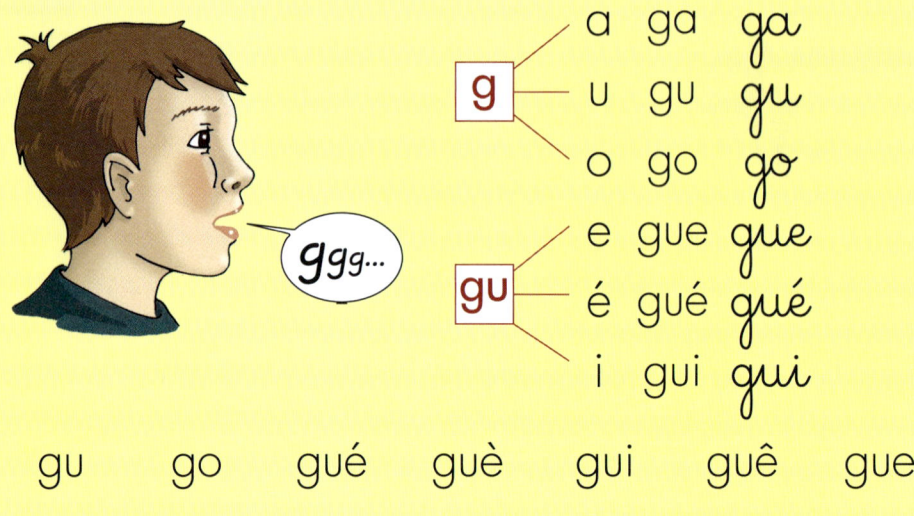

g — a ga ga
    u gu gu
    o go go

gu — e gue gue
     é gué gué
     i gui gui

ga   gu   go   gué   guè   gui   guê   gue

CONSEILS PARENTS

Utilisez une glace pour que votre enfant voie la forme de sa bouche et l'avancée de son menton en prononçant le son.

Faites remarquer que dans certains cas, pour faire le son « **g** », la lettre **g** s'associe avec la lettre **u** qui ne s'entend pas. C'est très important avant d'aborder des syllabes complexes (*ou, an…*). Faites repérer dans l'arbre des syllabes les lettres qui demandent au son de s'écrire **gu** (*e, é, è, i*).

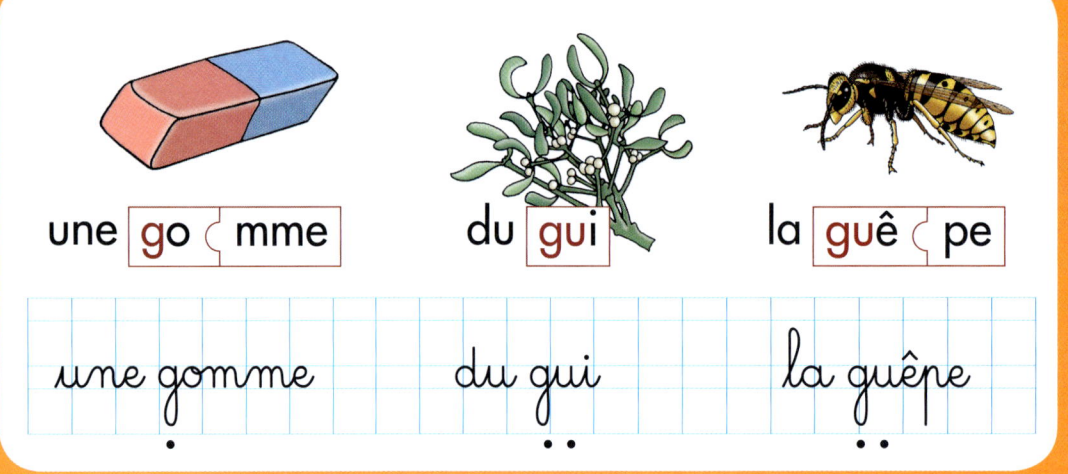

une go mme   du gui   la guê pe

une gomme   du gui   la guêpe

1 la gare – le galop – ma figure – sa bague – le guide – la galerie – le légume – une vague – une gamme

2 La figue se gâte.

La figue se gâte.

18   ch = ch

cheminée

ch...

ch
- è chè chè
- a cha cha
- e che che
- u chu chu
- o cho cho
- ê chê chê

cha   che   chu   ché   chi   chè   cho   chê

CONSEILS PARENTS

*Utilisez une glace pour que votre enfant voie sa bouche et ses dents en prononçant le son. Faites observer la formation du son : la consonne **c** et la consonne **h** qui s'associent pour faire le son « **ch** ».*

le chat

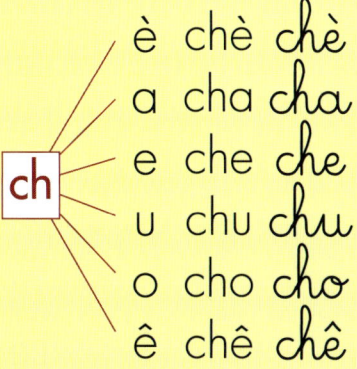
une vache

un parachute

le chat   *une vache*   *un parachute*

1) la bi che – la bû che – la ru che – une ni che – la cha sse – ma mè che – ta po che – du cho co lat – sa ca pu che

2) L'élève a déchiré la fiche tachée.

L'élève a déchiré la fiche tachée.

19 les des mes
les des mes

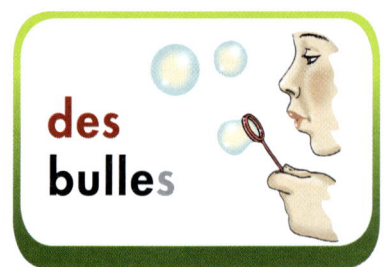

des **bulle**s

l		les *les*
d		des *des*
m	**es**	mes *mes*
t		tes *tes*
s		ses *ses*

les des mes tes ses les mes des

un hé ri sson — des hé ri ssons — les a mis

un hérisson   des hérissons   les amis

CONSEILS PARENTS

Faites observer la formation du son : la voyelle **e** et la consonne **s** qui s'associent pour faire le son « **è** »

Utilisez les illustrations pour mémoriser la notion de « plusieurs » (pluriels) avec **les**, **des**, **mes**... et la marque **s** à la fin du nom qui suit.

① tes balles – des dominos – ses pilules – des vélos – les forêts – mes jolies bottes – les babines des chats

② Es-tu un des amis de Matéo ?

Es-tu un des amis de Matéo ?

Faites repérer et prononcer la liaison (des_amis). Insistez sur le point d'interrogation (**?**), son utilité dans une phrase et faites lire avec la bonne intonation (la voix qui se lève).

20 ol al il ul
     as ic is os

cheval

o		ol	ol
a		al	al
i	‖	il	il
u		ul	ul

al ol il ul as os ac if

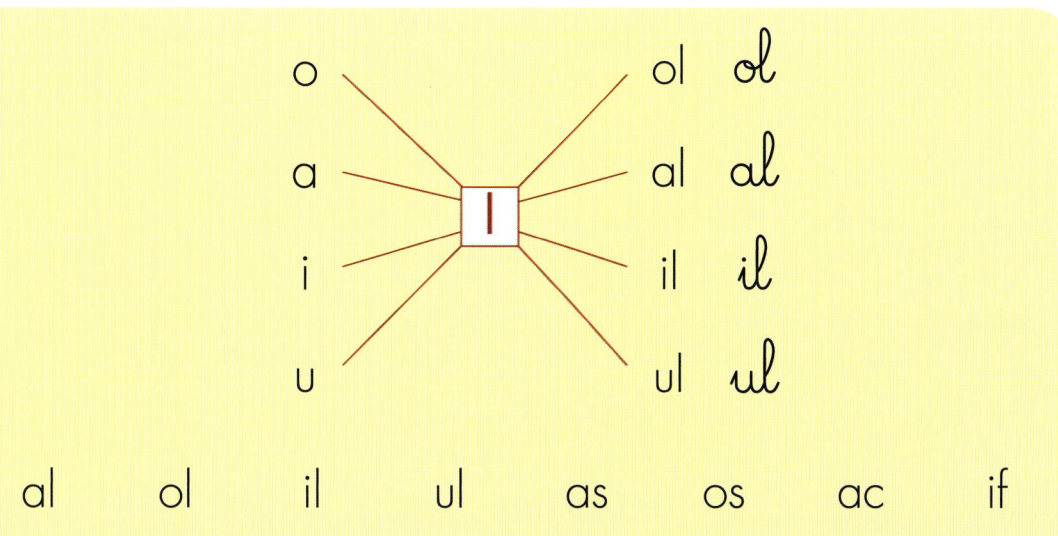

du ma ïs   le fil   un lac

du maïs   le fil   un lac

CONSEILS PARENTS

Faites repérer le tréma sur **maïs** et la place du **ï** dans les syllabes.

① le bal – un pic – l'a na nas – de l'as th me –
la ré col te – mul ti co lo re

② Le Père Noël est passé.

Le Père Noël est passé.

Pour **Noël**, insistez sur le son prononcé avec **ë**.

Les amis de madame la Chouette

A	Ali	Anna
B	Boris	Bénédicte
C	Côme	Caroline
D	David	Doris
E	Emile	Éloïse
F	Fil	Fanny
G	Gustave	Gudule
H	Harry	Hélène
I	Icare	Irène
L	Léo	Lil
M	Matéo	Mathilde
N	Noé	Noémie
O	Octave	Olive
P	Paolo	Pénélope
R	Rémi	Raïssa
S	Sam	Sidonie
T	Théodore	Tina

Ah ! Hi ! Oh ! Hu !

Ah ! Ah ! Ah !
Le chat d'Anatole ne chasse pas les rats.
Ah ! Ah ! Ah !
Sarah a parlé à Ali-Baba.

Hi ! Hi ! Hi !
La chatte de Lili a léché une petite souris.
Hi ! Hi ! Hi !
La pie a mis la bague de Marie.

Oh ! Oh ! Oh !
Toto a caché le vélo de Nino.
Oh ! Oh ! Oh !
Un rat appelé Momo a volé nos Légos.

Hu ! Hu ! Hu !
Le père Lulu a prêté sa mule à Bidule.
Hu ! Hu ! Hu !
La fée Pilule a avalé la lune.

21 ar or ur ir

tortue

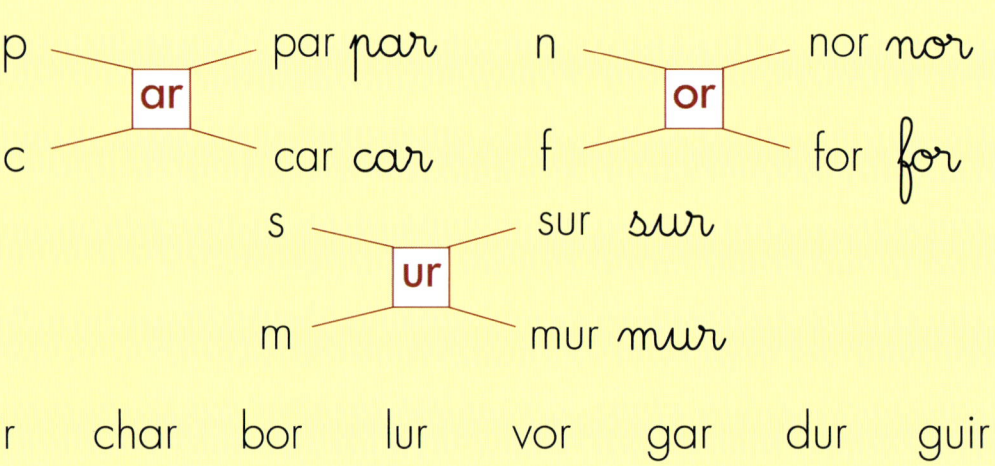

tir   char   bor   lur   vor   gar   dur   guir

CONSEILS PARENTS

Utilisez l'arbre à syllabes pour observer que les lettres en rouge se prononcent dans l'ordre de leur écriture : a r = ar et s'associent à la consonne qui les précède.

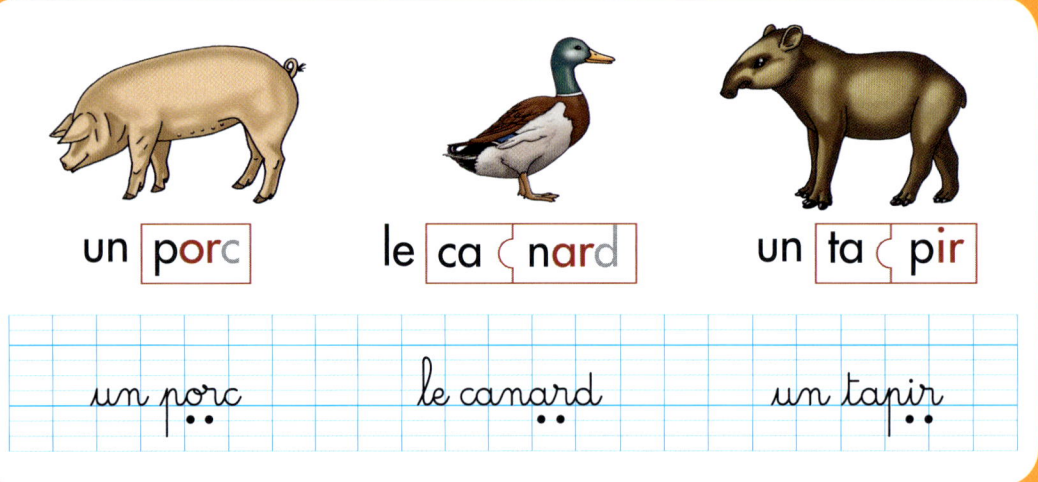

un porc   le canard   un tapir

un porc   le canard   un tapir

① le car – l'alarme – le carnaval – mars – la corde – la corne – dormir – sortir – une carte postale

② Dehors, le chat dort sur le mur.

L'homme barbu a sonné à la porte.

À partir de cette page :
– les syllabes sont rapprochées. Si votre enfant vous le fait remarquer, expliquez-lui qu'il devient « expert » en lecture et n'a plus besoin de cette aide.
– les phrases en script et en cursive sont différentes, ce qui permet de lire davantage.

22 ou = ou

loup

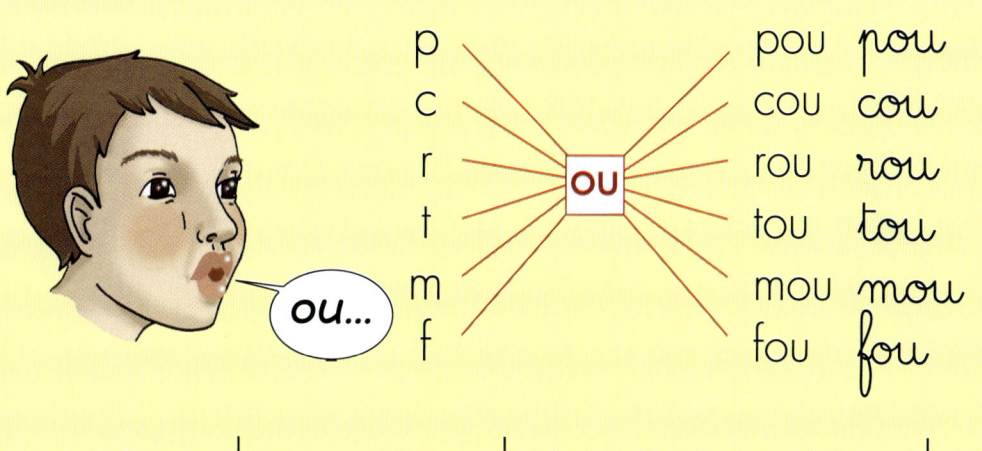

p		pou	pou
c		cou	cou
r	ou	rou	rou
t		tou	tou
m		mou	mou
f		fou	fou

ou...

dou   vou   lou   nou   bou   gou   sou   chou

CONSEILS PARENTS

Utilisez une glace pour que votre enfant voie la forme de ses lèvres en prononçant le son.
Faites observer la formation du son : deux voyelles o et u s'associent pour faire le son « ou ».

le cou   la tou pie   une sou cou pe

le cou   la toupie   une soucoupe

1 une roue – la toux – le hibou – une souris – sa poupée – l'ours – la fourmi – de la moutarde – de la mousse – dessous

2 Où se cache-t-il ?

Faites repérer la liaison et le point d'interrogation.

La boule roule sous le hamac.

23 j = j   J = J

journal

	j	
e	je	je
o	jo	jo
u	ju	ju
ê	jê	jê
ou	jou	jou
a	ja	ja

ji   jé   jè   jou   je   ja   jo   ju

CONSEILS PARENTS

Utilisez une glace pour que votre enfant voie sa bouche entrouverte et ses dents en prononçant le son.

Faites remarquer que « y » = « i » dans pyjama.

la joue   le py-ja-ma   le na-ja

la joue   le pyjama   le naja

① le judo – le jour – ta joue – du jute – juste – une journée – déjà – jaloux – du jus de pomme

② Je parle à Jules.

J'achète une jolie jupe.

 **24**

z = *z*   Z = *Z*

Zorro

 Zzz...

a — za — *za*
ou — zou — *zou*
z — é — zé — *zé*
u — zu — *zu*
e — ze — *ze*
o — zo — *zo*

CONSEILS PARENTS

Utilisez une glace et faites prolonger l'émission du son jusqu'à sentir un agacement sur la langue.

zè   zi   zu   zê   zy   zor   za

zé‹ro

le ma‹ga‹zi‹ne

un zig‹zag

zéro   le magazine   un zigzag

① la gaze – le colza – une zone – un lézard – le bazar – le gazole – douze – bizarre – du gaz

② Il y a un zébu au zoo.

Zoé m'a dit : « Zut ! »

Rappelez à votre enfant l'utilisation des guillemets dans une phrase et faites-le lire avec l'intonation appropriée.

25

an = an

am = am

maman

an...

ch		chan · chan
p		pan · pan
v	an	van · van
r		ran · ran
f		fan · fan
s		san · san

man   ban   gan   can   lan   nan   jan   dan

CONSEILS PARENTS

Demandez à votre enfant de placer un doigt sur sa gorge pour sentir d'où vient le son. Comme pour «ou», insistez sur la formation du son «an» qui associe la voyelle a et la consonne n.

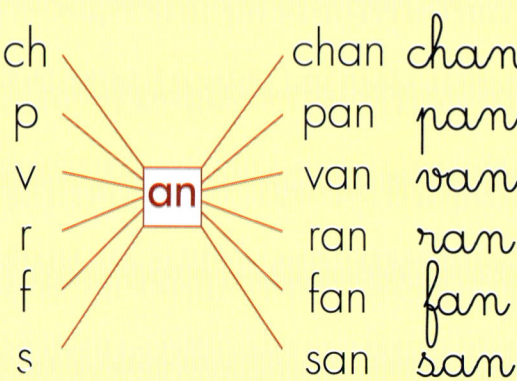

une an·ti·lo·pe   le pé·li·can   la lam·pe

une antilope   le pélican   la lampe

① un chant – le faon – des gants – le volant – dimanche – méchant – devant – le goéland – ma tante Julie – ta jambe

② L'orang-outan gourmand se régale de mandarines.

Un fantôme danse dans le parc.

*Faites observer la lettre qui suit m dans **lampe**, **jambe** et **camp**. Énoncez la règle : devant m, b et p, la lettre n devient m.*

26

en = *en*
em = *em*

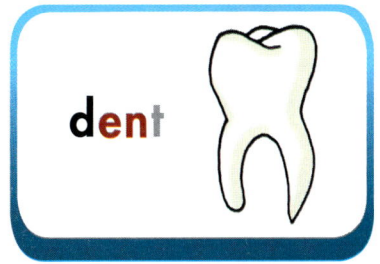

d**en**t

en...

p	pen	*pen*
s	sen	*sen*
j — en	jen	*jen*
m	men	*men*
b	ben	*ben*
r	ren	*ren*

chen   zen   ven   den   nen   ten   fen   len

CONSEILS PARENTS

Demandez à votre enfant de placer un doigt sur sa gorge pour sentir d'où vient le son. Insistez sur la formation du son «en» qui associe la voyelle e et la consonne n.

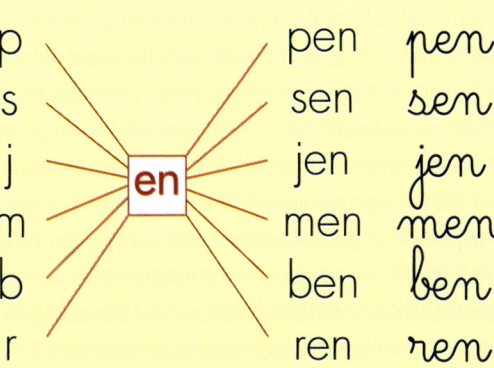

le mé di ca m**en**t

la t**en** te   une **en** ve lo ppe

la tente   une enveloppe   le médicament

① le v**en**t – la p**en**te – la f**en**te – la m**en**the – des par**en**ts – souv**en**t – **en**core – p**en**dant – l'**en**fant **en**rhumé – la t**em**pérature

② Comm**en**t a-t-il **em**ballé tous les vêt**em**ents ?

Va-t-en vite !

Faites observer la lettre qui suit m dans température, emmêlé et emballé. Rappelez la règle. Attirez l'attention sur les tirets dans la phrase en cursive et la liaison qui en découle.

27 et = et

bonnet

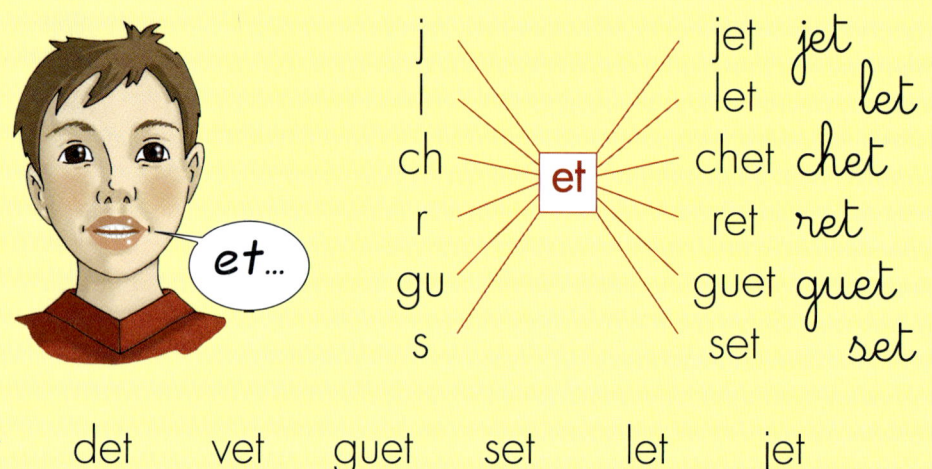

met   det   vet   guet   set   let   jet

CONSEILS PARENTS

Utilisez une glace pour que votre enfant voie l'ouverture de la bouche en prononçant le son. Insistez sur la formation du son « et » qui associe la voyelle e et la consonne t.

le fouet — un basset — le tabouret

1. le filet – un mulet – le valet – le cachet – le galet – le guichet – le gobelet – le robinet – un carnet de notes
2. Le poulet s'est échappé de la basse-cour.

Le bleuet pousse dans les champs.

Un carnet de notes : demandez à votre enfant si le carnet contient une ou plusieurs notes afin de justifier la marque du pluriel pour notes. Au cours de l'apprentissage de la lecture, profitez de ces occasions pour familiariser votre enfant avec des notions simples de grammaire ou d'orthographe.

28 cr br vr tr
pr fr dr gr

crêpe

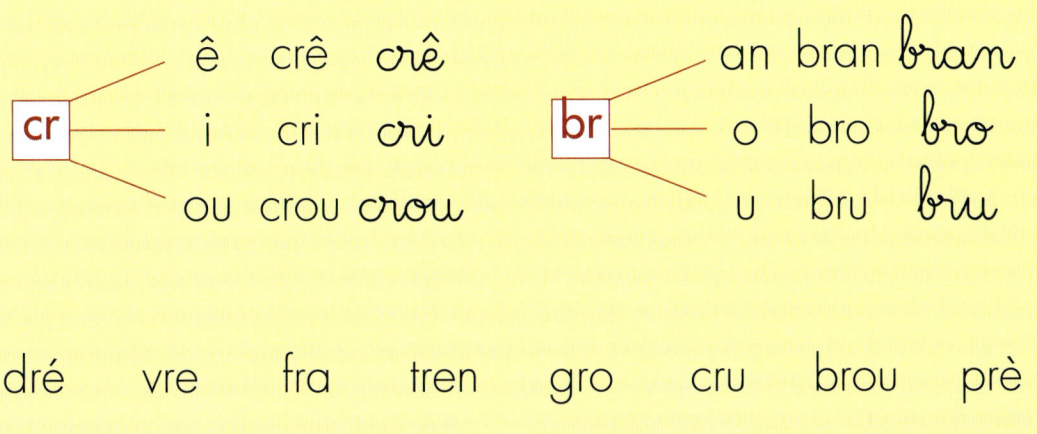

dré vre fra tren gro cru brou prè

le cro-co-di-le   une bro-sse   un li-vre

le crocodile   une brosse   un livre

① trop – avril – une prune – une branche – notre frère – des frites – l'écriture – les griffes du chat – une drôle de cravate

② Grand-mère ajoute du sucre dans la crème.

Ouvre la fenêtre !

CONSEILS PARENTS

Rappelez l'utilité du point d'exclamation dans une phrase et faites lire avec l'intonation.

29 pl cl fl gl vl bl

cloche

pl — i pli *pli*
pl — an plan *plan*
pl — ou plou *plou*

cl — a cla *cla*
cl — è clè *clè*
cl — e cle *cle*

blo   flé   glou   vlan   plu   clê   cly   ble

un glo·be   le trè·fle   le car·ta·ble

un globe   *le trèfle*   *le cartable*

① le blé – du sable – la flèche – une blague – le placard – une glissade – le tricycle – une règle plate – la plume du paon

② Grand-père plante un clou dans la planche.

Vladimir joue de la flûte.

CONSEILS PARENTS

Faites remarquer l'accent circonflexe sur flûte.

30

in = *in*
im = *im*

lap**in**

	p			pin	*pin*
	ch			chin	*chin*
	gu		in	guin	*guin*
in…	j			jin	*jin*
	v			vin	*vin*
	s			sin	*sin*

tin   lin   rin   min   cin   fin   din   nin

CONSEILS PARENTS

Utilisez une glace pour que votre enfant voie sa bouche et demandez-lui de poser un doigt sur sa gorge pour sentir la résonnance du son. Insistez sur la formation du son «**in**» qui associe la voyelle **i** et la consonne **n**.

le pin | gouin

un sa | pin

le tim | bre

le pingouin   *un sapin*   *le timbre*

Faites observer la lettre qui suit **m** dans **timbre**, **timbale**, **imprudent** et **impoli**. Rappelez la règle.

1 le jardin – le moulin – le matin – un poussin – ce chemin – nos invité**s** – le sou**s**-marin – le vin**gt** avril – les pépin**s** – une timbale – le gamin impoli

2 Un enfan**t** impruden**t** jou**e** sur la route.

Bébé réclame un câlin.

31 c = c   C = 𝒞

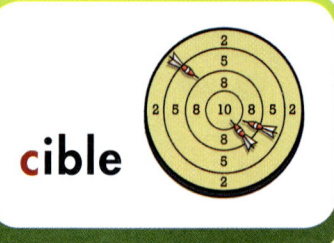

cible

	e	ce	ce
	i	ci	ci
c	y	cy	cy
	é	cé	cé
	in	cin	cin
	en	cen	cen

Sss...

cè   cem   cim   cym   cê   cil   cé   cet

CONSEILS PARENTS

Utilisez une glace pour que votre enfant voie sa bouche et ses dents en prononçant le son. Faites «siffler» le son le plus longtemps possible. En vous appuyant sur l'arbre des syllabes, faites nommer les voyelles qui suivent la lettre **c** pour faire le son (**e, i, y**).

la ci⟨me   le pou⟨ce   des cym⟨ba⟨les

la cime   *le pouce*   *des cymbales*

1. une puce – une pince – mes sourcils – la cigale – la police – la piscine – des céréales – l'incendie – une séance de cinéma – un tigre féroce – la carapace de la tortue

2. C'est très facile.

Bravo ! Je te félicite.

 **32**

on = on
om = om

bon**b**on

on...

p		pon	pon
m		mon	mon
s	on	son	son
t		ton	ton
n		non	non
ch		chon	chon

von   bon   zon   ron   fon   don   jon   gon

CONSEILS PARENTS

Utilisez une glace pour que votre enfant voie la forme de ses lèvres et demandez-lui de poser un doigt sur son nez pour sentir la résonnance du son. Insistez sur la formation du son « on » qui associe la voyelle o et la consonne n.

un | po n t | le | bi | be | ron | un | pom | pon

un pont   le biberon   un pompon

Faites observer la lettre qui suit m dans pompon, comptine, tombola et compte. Rappelez la règle.

1 le savon – le salon – mon ballon – la guenon – un torchon – ton long bâton – ce bouton rond – une réponse – la comptine – la tombola – des cornichons – bonjour

2 Compte les moutons si tu n'arrives pas à t'endormir.

Les petits font la ronde dans la cour.

33   s = ꜱ

rose

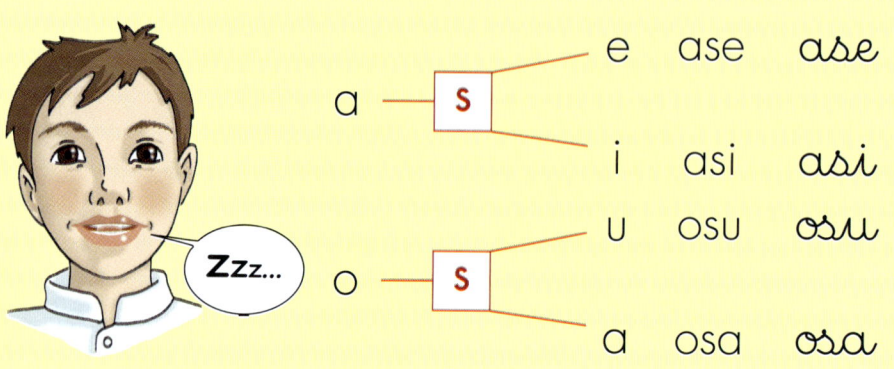

a — s — e ase *ase*
            i asi *asi*

o — s — u osu *osu*
            a osa *osa*

isou   isan   usa   osé   asè   oson   ousi   usé

CONSEILS PARENTS
Utilisez une glace et faites prolonger l'émission du son jusqu'à sentir un agacement sur la langue. Faites nommer la position de la lettre s en utilisant l'arbre et la liste des syllabes : entre a et e, entre a et i…

un va se   la fu sée   une ce ri se

un vase   *la fusée*   *une cerise*

① le désert – un musée – ce trésor – des bisous – du mimosa – son déguisement – ma valise – une poésie – le magasin de chemises – tondre la pelouse

② Maman n'a pas encore recousu le bouton de ma blouse.

Je vous présente mon cousin et ma cousine.

Le magasin de chemises : demandez à votre enfant si le magasin vend une ou plusieurs chemises pour justifier la marque du pluriel de chemises.

34 — oi = oi

voiture

CONSEILS PARENTS

Insistez sur la formation du son «**oi**» qui associe les voyelles **o** et **i**.

ch	choi	choi
v	voi	voi
b	boi	boi
f	foi	foi
l	loi	loi
d	doi	doi

oi

roi — moi — toi — soi — noi — croi — joi — poi

une **oie**   l'é **toi** le   un a **rro** **soir**

une oie   l'étoile   un arrosoir

1. trois – le soir – une noi**x** – une boîte – du boi**s** – un rasoir – l'**h**istoire – un mouchoir – avoir soif – choisir – se tenir droit**e**

2. « Le voilà ! », cri**e** le roi d'une grosse voi**x** en montran**t** l'animal du doi**gt**.

Tu ne dois pas sucer ton pouce.

Dans la phrase «Le voilà…», pour faire comprendre la notion de narrateur, demandez à votre enfant :
– qui dit «Le voilà !» ?
– qui dit la suite de la phrase ?
– lisez cette phrase à deux voix pour illustrer les réponses aux questions posées.

43

35

ai = ai
ei = ei

balai

f	fai	fai
vr	vrai	vrai
pl	plei	plei
n	nei	nei

sai   air   chai   mai   trei   bei   lei   sei

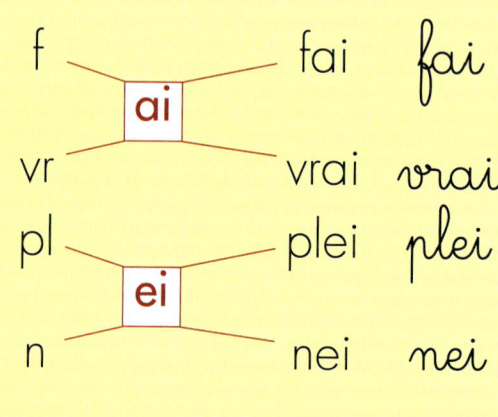

des frai ses   une ba lei ne   un por te -mo nnaie

des fraises   une baleine   un porte-monnaie

CONSEILS PARENTS

Comme pour « ou », insistez sur la formation du son. Faites remarquer que les deux écritures (ai/ei) font le même son. Si votre enfant demande comment savoir quelles lettres écrire, montrez-lui le dictionnaire et précisez l'importance de retenir l'orthographe des mots.

① du lait – la craie – la chaîne – jamais – la fontaine – seize – du seigle – avoir de la peine – une boîte pleine de pelotes de laine

② Tous les élèves seront en vacances la semaine prochaine.

Il était une fois une sorcière qui habitait une petite maison dans une prairie.

Une boîte pleine de pelotes de laine : demandez à votre enfant si la boîte contient une ou plusieurs pelotes pour justifier la marque du pluriel de **pelotes**.

36

qu = qu

re**qu**in

CONSEILS PARENTS

Comme pour «ou», insistez sur la formation du son.

qu ⟨
- a   qua   qua
- oi quoi quoi
- e   que   que
- i   qui   qui
- ai quai quai
- é   qué   qué

quê   quan   quin   quet   quen   què   quou   quy

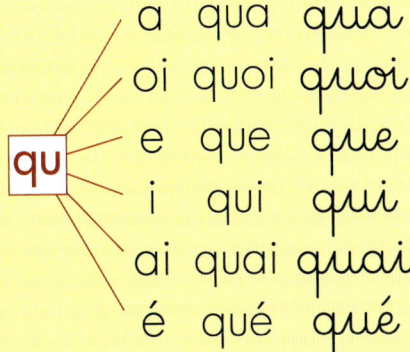

le [coq]   des [co][que][li][cots]   un [cas][que]

le coq   des coquelicots   un casque

1. la barque – la banque – un bouquet – une boutique – ce paquet – le parquet – le pique-nique – l'équipe – le cirque – quatre – cinq

2. Il dit n'importe quoi quand il est en colère.
   (t)

Pourquoi vous êtes-vous moqués de nous ?

Faites remarquer à votre enfant que cette liaison est exceptionnelle.

37   ç = ç   Ç = Ç

balançoire

```
        a    ça    ça
        o    ço    ço
        u    çu    çu
  ç
        an   çan   çan
        oi   çoi   çoi
        ai   çai   çai
```

ço   çoi   çou   çom   ça   çam   çai   çu

CONSEILS PARENTS

*Attirez l'attention de votre enfant sur la cédille sous le **c** pour faire le son «**s**». En vous appuyant sur l'arbre des syllabes, faites nommer les voyelles qui suivent la lettre **ç** pour faire le son (**a**, **o**, **u**).*

la fa ç a de   le gar çon   un ca le çon

la façade   le garçon   un caleçon

① ton reçu – ma leçon – ce glaçon – le maçon – des soupçon**s** – un commerçan**t**

② Le méchan**t** lançai**t** un regar**d** menaçan**t** à la foule.

François a aperçu une étoile filante.

38 el ec ef
es er ep ed

tunnel

CONSEILS PARENTS

Insistez :
– sur la formation du son,
*– sur la valeur de la lettre **e** qui, dans ce cas, fait le son « **è** » mais ne prend pas d'accent.*

qu — quel quel
    el
t — tel tel

b — bec bec
    ec
s — sec sec

mer   cep   fer   lec   rep   ner   chef   ver

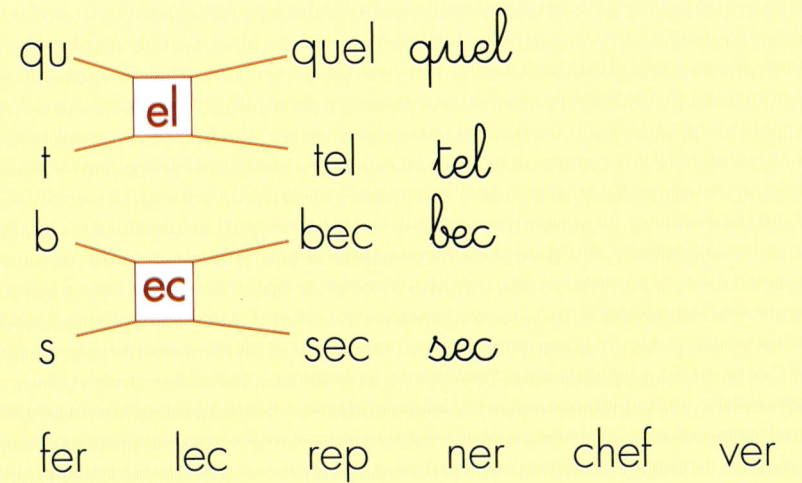

le cerf   l' es car got   un ser pent

le cerf   l'escargot   un serpent

① la mer – le merle – l'hiver – une perle verte – l'insecte – ta lecture – ce reptile – du sel – l'hôtel – sa veste – l'escalade – les restes

② « Merci », a dit Ahmed avec un sourire en acceptant un caramel.

La première phrase (« Merci… ») peut être lue à deux voix (voir page 43).

Nous sommes le mercredi sept septembre.

39 ell ess ett
enn eff err

hirond**ell**e

CONSEILS PARENTS

Insistez :
– sur la formation du son,
– sur la valeur de la lettre **e** qui, dans ce cas, fait le son « **è** » mais ne prend pas d'accent.

el — le elle *elle*   es — se esse *esse*

et — te ette *ette*

erre   enne   effe   elle   ette   esse

Faites remarquer la coupe des syllabes entre les lettres doubles.

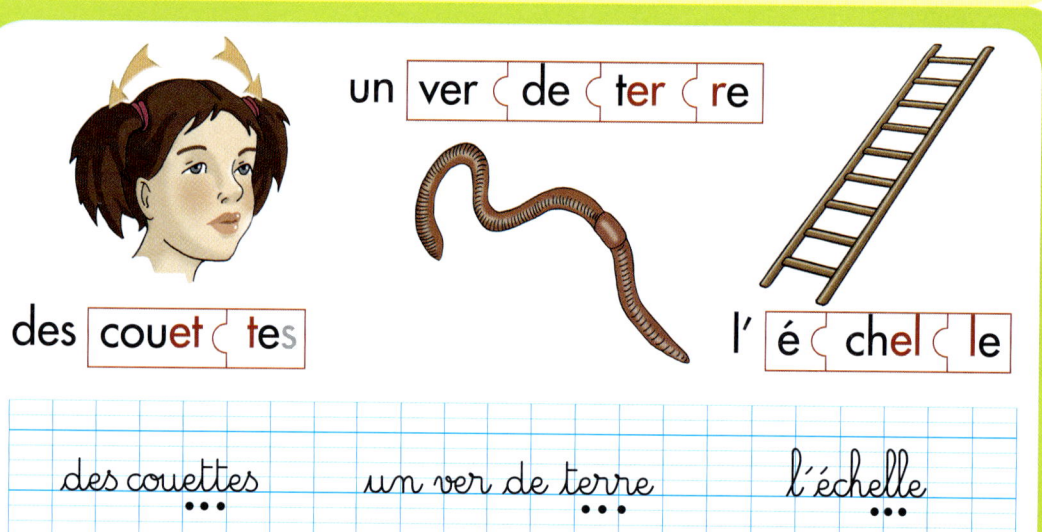

des couet tes   un ver de ter re   l' é chel le

des couettes   *un ver de terre*   *l'échelle*

1 une pelle – la tourterelle – le dessert – la lessive – la lettre – une devinette – mon assiette – notre maîtresse – sa sucette – un match de tennis – faire un effort

2 Jette ton mouchoir dans la poubelle.

La chienne de mes voisins aime les caresses.

40 ez er ier

cahier

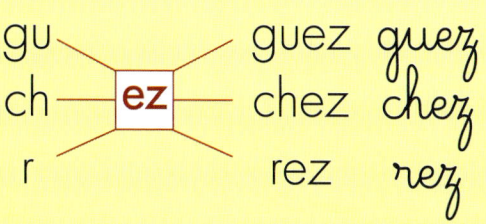

gu   guez   *guez*
ch — ez — chez   *chez*
r   rez   *rez*

m   mier   *mier*
p — ier — pier   *pier*
c   cier   *cier*

vier   cez   cher   tez   lier   fler   tier   nier

CONSEILS PARENTS

Faites remarquer que les deux graphies (**er**, **ez**) font le son «**é**» mais que la lettre **e** ne prend pas d'accent. Pour «**ier**», entraînez votre enfant à la prononciation en deux étapes : prolonger «**i**» avant de le faire suivre de «**é**», puis dire «**ier**» d'une seule émission.

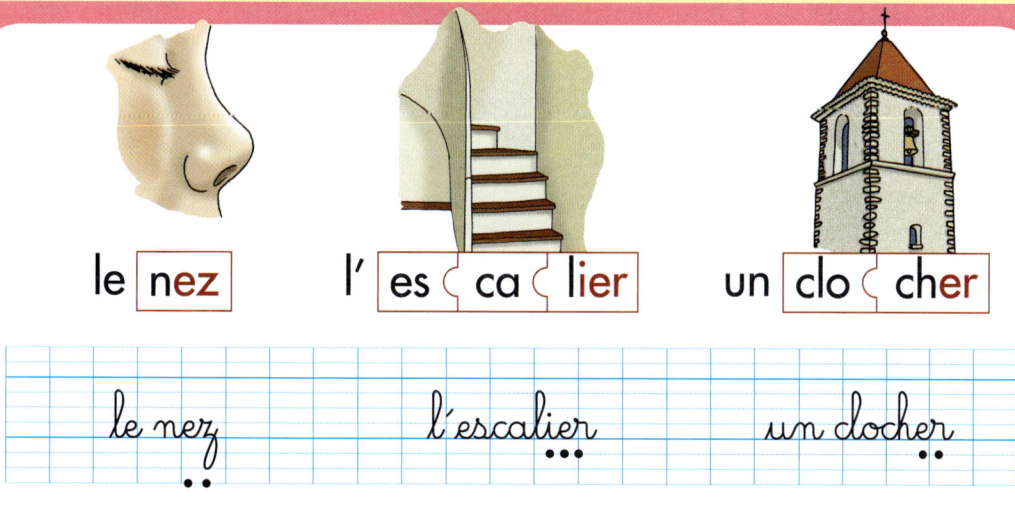

le nez   l' es ca lier   un clo cher

le nez   *l'escalier*   *un clocher*

❶ le fermier – un abricotier – le jardinier – du papier – siffler – le boucher – mon goûter – un pêcher – le sorcier – j'en ai assez

❷ Elle a un rendez-vou**s** chez le dentiste dan**s** la matiné**e**.

Voulez-vous dîner avec moi ?

Monette, la chouette, mène l'enquête. (partie 1)

Jeannette, une petite souris grise, trottine dans le couloir qui mène à la chambre de Lapin 1er, roi de tous les terriers, pour y faire le ménage. En ouvrant la porte, elle pousse un grand cri : tout est sens dessus dessous. Les coffres sont renversés, le miroir brisé, le matelas éventré*… En tremblant, elle prend son talkie-walkie dans la poche de son tablier pour appeler la sécurité.
– Ici Jeannette, vite, vite, venez dans la chambre du roi !
– Garde ton calme, Jeannette, nous arrivons !

Rapides comme l'éclair, quatre grands lièvres* musclés se précipitent dans la pièce. En voyant les dégâts, Baraqué, leur chef, donne ses ordres :
– Toi, rassemble tout le personnel dans la grande cuisine !
– Vous deux, bouclez toutes les issues* ! Jeannette et moi, nous restons ici pour attendre le retour du roi.
La petite souris voudrait remettre de l'ordre mais Baraqué l'en empêche :
– Laisse tout comme ça, sinon la police ne pourra pas relever les indices*.
Par la fenêtre, ils aperçoivent le roi de retour de son jogging.
– Le voilà ! Pourvu qu'il ne se mette pas dans une de ses terribles colères, dit Jeannette, j'en tremble à l'avance.
– Ne t'inquiète pas ma belle, laisse-moi parler.

Dans le couloir, des pas décidés* annoncent l'arrivée du roi. Lapin 1er, hors de lui*, se précipite dans sa chambre, se plante devant Baraqué et dit :
– Vous pouvez me dire ce qui s'est passé ici ?
– Votre Majesté, je… je…

* **éventré** : on a fait une large ouverture dans le matelas.

* **lièvre** : il ressemble à un très gros lapin et court très vite.

* **issue** : un passage par lequel on sort de quelque part.

* **indice** : une trace qui indique quelque chose.

* **des pas décidés** : des pas qui montrent que le roi est en colère.
* **hors de lui** : très en colère.

– Taisez-vous Baraqué, vous êtes un incapable ! Et toi, Jeannette, que fais-tu là ?
– C'est elle qui nous a appelés Votre Majesté, répond Baraqué à la place de la pauvre Jeannette qui est tout affolée. Un peu calmé, le roi sort son portable pour appeler le commissaire Grand Duc, hibou de son état et chef de la police.
– Allô… Commissaire, pendant mon jogging du matin, un ou des inconnus sont entrés dans ma chambre, c'est un vrai désastre. Je vous attends avec votre équipe et surtout Monette, la chouette, votre super enquêtrice*.

Le roi fait les cent pas devant la fenêtre, guettant l'arrivée des policiers. À tire-d'aile*, toutes sirènes hurlantes, ils se posent dans la grande cour.

* **enquêtrice** : qui mène l'enquête.

* **À tire-d'aile** : expression voulant dire « à toute vitesse ».

– Va les chercher Baraqué, et vite !
C'est alors qu'une servante en larmes entre dans la pièce :
– Majesté, Ma… dit-elle en s'étranglant de sanglots*.
– Mais parle, parle donc, dit le roi.
– On a enlevé la princesse Angora, votre fiancée, et voici ce que j'ai trouvé sur son lit.
Elle tend un papier froissé sur lequel est écrit :

* **sanglots** : de grosses larmes avec des hoquets.

Ta belle Angora contre la carte qui ouvre ton coffre-fort. On te contactera.

(suite p. 72)

41

eu = eu

œu = œu

feu

f		feu	feu
j	eu	jeu	jeu
bl		bleu	bleu

n		nœu	nœu
v	œu	vœu	vœu
ch		chœu	chœu

lœu   peu   geu   deu   meu   seu   tœu   ceu

CONSEILS PARENTS

Utilisez une glace pour que votre enfant voie sa bouche et ses lèvres se rétrécir et avancer en avant.
Insistez sur la formation du son : pour « œu », faites épeler « o, e dans l'o, u » et indiquez que peu de mots ont cette graphie.

bleu   un_eu ro   des_œufs

bleu   un euro   des œufs

Insistez sur la différence de prononciation entre **un œuf** et **des œufs**.

① tes cheveux – des pneus – jeudi – un nœud – deux – mes feutres – heureux – malheureux – chanceux – peureux – faire un vœu

② Veux-tu utiliser ma console de jeux ?

Le cochon a la queue en tire-bouchon.

42

gn = *gn*

ara**gn**ée

	e gne	*gne*
	on gnon	*gnon*
gn	et gnet	*gnet*
	i gni	*gni*
	ol gnol	*gnol*
	an gnan	*gnan*

CONSEILS PARENTS

Utilisez une glace pour que votre enfant voie la «grimace» avec les lèvres et le nez qu'implique la prononciation du son. Insistez sur la formation de ce son.

gné gnoir gnè gnin gnu gneu gnou gnoi

un cy**gne**

le poi**gnet**

un oi**gnon**

un cygne   *le poignet*   *un oignon*

① la ligne – un signe – cette vigne – mon peigne – le signal – la baignoire – la campagne – un champignon – la montagne – la poignée de la porte – un rossignol magnifique

② Signe mon carnet de correspondance, s'il te plaît.

La cigogne s'éloigne de son nid.

43

au = au

eau = eau

taureau

CONSEILS PARENTS

Faites observer que le son peut avoir deux écritures (*au*/*eau*) et insistez sur l'utilité du dictionnaire et de la mémorisation des mots.

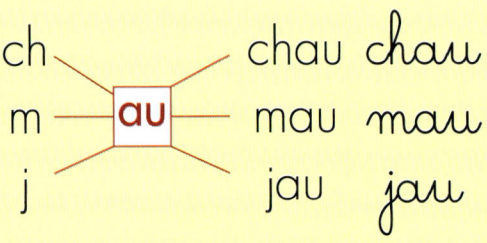

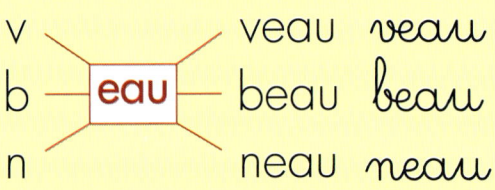

reau peau gau tau sau fau cau ceau

l' au tru che   un cra paud   des poi reaux

l'autruche   un crapaud   des poireaux

Faites observer *des poireaux, mes gâteaux, nos journaux, des chevaux* et indiquez que le pluriel s'écrit avec un **x** après *au* et *eau*.

① jaune – la taupe – cet esquimau – le chapeau – le chameau – mes gâteaux – nos journaux – la chauve-souris

② Ce beau tableau représente des chevaux au galop.

« Vous serez tous punis, sauf Maud ! », a annoncé le maître très en colère.

 **44**

ge = ge gi = gi

girafe

```
       ┌ e   ge   ge
  g  ──┼ i   gi   gi
       └ y   gy   gy
                        ┌ o    geo   geo
                  ge ──┼ a    gea   gea
                        └ ai   geai  geai
```

gin   gei   geu   geon   geoi   gean   get   gen

CONSEILS PARENTS

Faites repérer dans l'arbre et la liste des syllabes les lettres qui demandent au son de s'écrire « ge » (o, a).

une bou**gie**

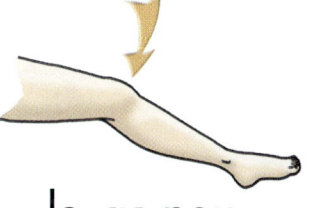
le **ge**nou

un pi**geon**

une bougie   *le genou*   *un pigeon*

① le manège – ce geste – de la fougère – un géant – le gendarme – la gymnastique – une gifle – le plongeoir – un garage – les gens – avoir la rougeole – être gentil

② Quel bel oiseau que le rouge-gorge !

Cet enfant est sage comme une image.

45 ph = ph

phare

CONSEILS PARENTS

*Insistez sur la formation du son. Rappelez à votre enfant qu'il y a une autre graphie de ce son (f, ff) et précisez que la graphie **ph** est peu fréquente.*

ph —
- a   pha   pha
- an   phan phan
- é   phé   phé
- o   pho   pho
- y   phy   phy
- ir   phir phir

phin   phra   phi   phon   phar   phil   phen   phoi

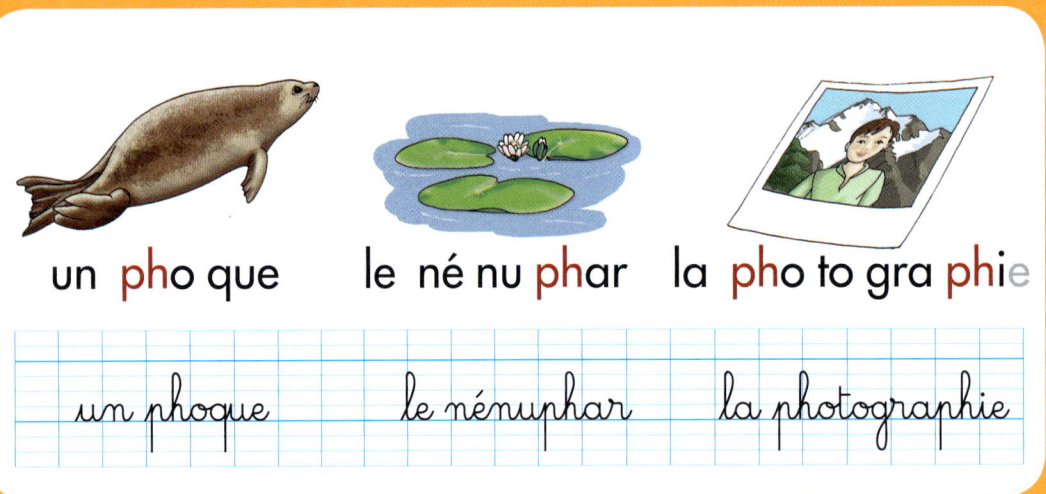

un **ph**o que   le né nu **ph**ar   la **ph**o to gra **ph**ie

un phoque   le nénuphar   la photographie

① une phrase – cet éléphant – le dauphin – ton téléphone – des aphtes – un phacochère d'Afrique – aller à la pharmacie

② Le feu s'est déclaré dans la forêt : quelle catastrophe !

Théophile récite l'alphabet sans se tromper.

46

eur = eur

œur = œur

tract**eur**

t		teur	teur
gl	eur	gleur	gleur
d		deur	deur

c		cœur	cœur
s	œur	sœur	sœur
z		zœur	zœur

peur   feur   reur   cheur   beur   geur   meur   leur

CONSEILS PARENTS

Utilisez une glace pour que votre enfant voie la forme de sa bouche en prononçant le son. Faites épeler la graphie œur : o, e dans l'o, u, r.

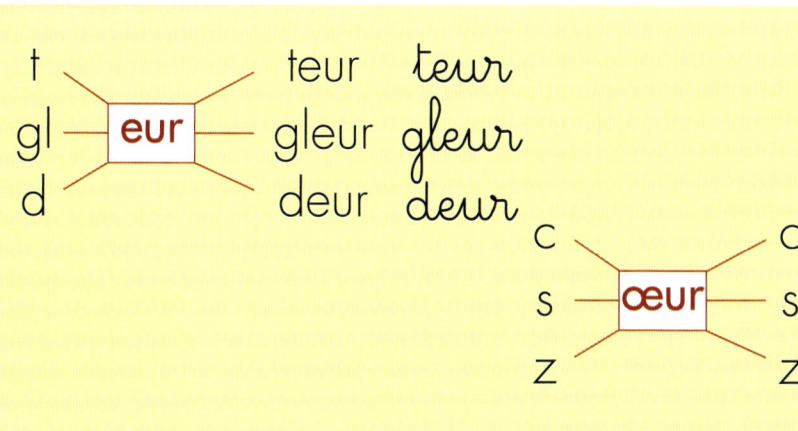

un cœur   le pêcheur   l'ordinateur

1. la chaleur – du bonheur – le coiffeur – le docteur – un coureur – le danseur – ce jongleur – du beurre – notre sœur – de la vapeur – avoir peur – la bonne humeur

2. Quelle heure est-il ? Il est neuf heures.
(v)

Beurg ! Cette odeur m'écœure.

Faites remarquer à votre enfant que cette liaison est exceptionnelle.

57

47 oin = oin

p**oin**tu

CONSEILS PARENTS

Utilisez une glace pour que votre enfant voie son nez en prononçant le son. Insistez sur la formation du son.

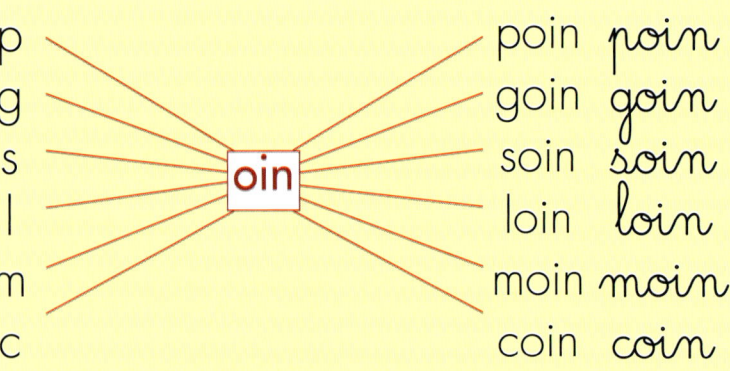

groin   choin   foin   toin   quoin   coin   zoin   noin

le groin   le poing   un rond-point

① un soin – moins – du foin – loin – poinçonner – coincer

② Il faut écrire un point à la fin d'une phrase.

Est-ce encore loin ?

La phrase «Il faut écrire....» est l'occasion de faire la liste des points rencontrés dans les phrases – point, point d'exclamation, point d'interrogation, deux points – et de rappeler leur utilité en retournant à des exemples si besoin est.

 **48** ill = ill
eill = eill

 quille

CONSEILS PARENTS

Insistez sur la formation des sons :
– pour « ill », faites remarquer que i s'entend.
– pour « eill », faites remarquer que i ne s'entend pas.

b		bill	bill
qu		quill	quill
f	ill	fill	fill
dr		drill	drill

| t | | teill | teill |
| b | eill | beill | beill |

mill   grill   nill   pill   dill   reill   meill   rill

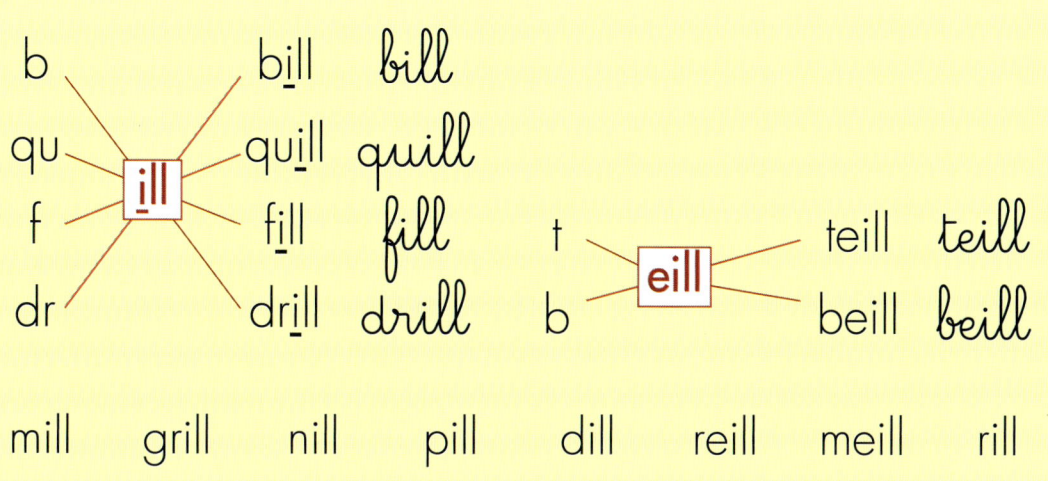

une che ni lle   un pa pi llon   des gro sei lles

une chenille   un papillon   des groseilles

❶ des billes – la cheville – le gorille – du maquillage – la myrtille – mes deux oreilles – manger des lentilles – une fille gentille – de la crème chantilly

❷ Un tourbillon de vent a emporté la grille du jardin.

L'abeille butine avant de rentrer à la ruche.

49

aill = aill
euill = euill
ouill = ouill

grenouille

CONSEILS PARENTS

Insistez sur la formation des sons. Faites remarquer que dans aucun d'entre eux la lettre i ne s'entend.

p — paill paill
c — aill — caill caill
m — maill maill

f — feuill feuill
s — euill — seuill seuill
d — deuill deuill

treuill bouill taill zouill rouill trouill raill nouill

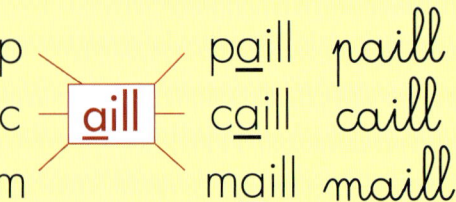
une feuille

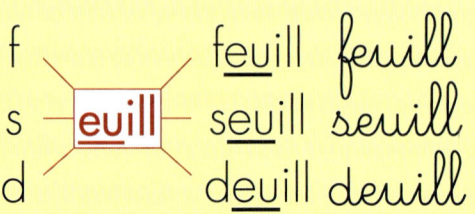
des cailloux

la citrouille

une feuille   des cailloux   la citrouille

① des nouilles – de la paille – de la rouille – du feuillage – cette bouilloire – une médaille – une bataille de boules de neige – le gazouillis de l'oisillon

② Des billets sont tombés de ton portefeuille.

Bébé s'est barbouillé avec sa bouillie.

50

ain = ain
ein = ein

m**ain**

m		main *main*	p		pein *pein*
g	ain	gain *gain*	pl	ein	plein *plein*
cr		crain *crain*	c		cein *cein*

bain   pain   grain   dain   tein   frein   rein   rain

CONSEILS PARENTS

Faites observer que le son peut avoir deux écritures (ain/ein) et insistez sur l'utilité du dictionnaire et de la mémorisation des mots.

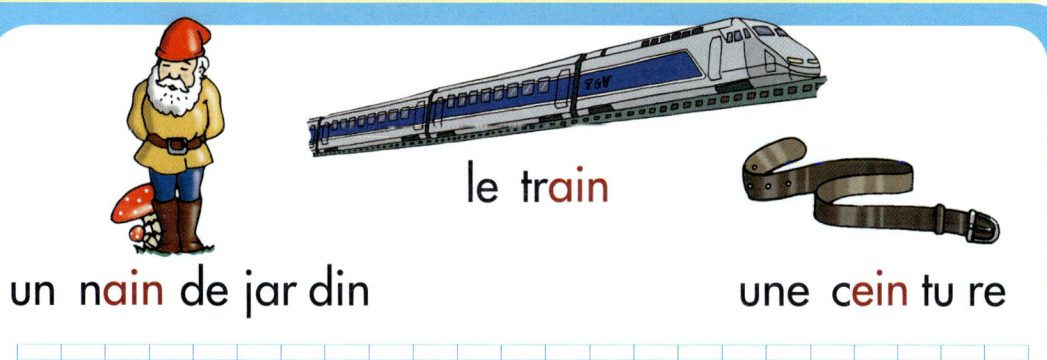

un n**ain** de jar din   le tr**ain**   une c**ein** tu re

un nain de jardin   le train   une ceinture

1 du pain – le peintre – maintenant – les freins de ton vélo – le refrain de la chanson – des grains de raisin – un bain trop plein – un terrain de tennis

2 Demain, mon copain reviendra de vacances.

Éteins donc ta cigarette !

51

k = *k*   K = *K*
ch = « k »

kangourou

k — i ki *ki*	ch — œur chœur *chœur*
— a ka *ka*	— o cho *cho*
— é ké *ké*	— ro chro *chro*

kio   rak   kid   kra   chris   chry   chlo   chrè

CONSEILS PARENTS

Faites observer que le son peut avoir deux écritures (**k**/**ch**) et insistez sur l'utilité du dictionnaire et de la mémorisation des mots. Rappelez qu'il y a d'autres graphies de ce son (**c**, **qu**) et précisez que les graphies **k** et **ch** sont peu fréquentes.

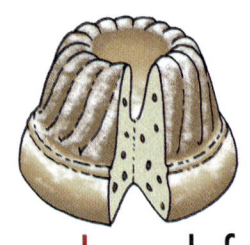  

un **k**ou glof   le **ch**ry san t**h**ème   l' a no ra**k**

un kouglof   *le chrysanthème*   *l'anorak*

① un képi – du ketchup – la kermesse – son kimono – la chorale – ce chronomètre – du papier kraft – le kiosque à journaux – faire du karaté – être chef d'orchestre

② Ce koala mâle pèse quinze kilos.

Reprenons le refrain en chœur.

52

ail = ail   eil = eil
euil = euil ouil = ouil

épouvant**ail**

CONSEILS PARENTS

Insistez sur la formation des sons.

v — vail *vail*   t — teuil *teuil*
  [ail]   [euil]
n — nail *nail*   s — seuil *seuil*

vreuil   feuil   nouil   tail   mail   leil   veil   reil

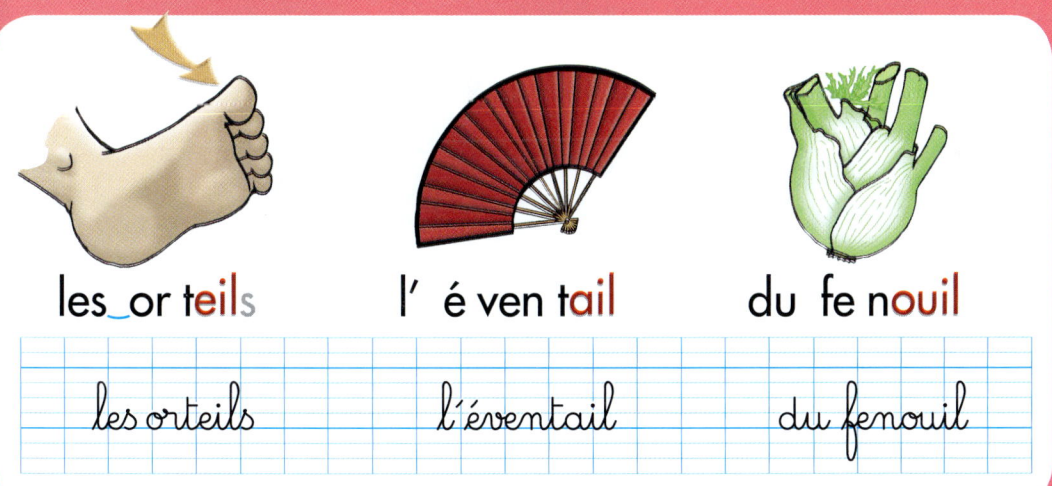

les_or t**eil**s   l' é ven t**ail**   du fe n**ouil**

les orteils   *l'éventail*   *du fenouil*

1. le fauteuil – l'écureuil – ce travail – de l'ail – le soleil – un réveil – des conseil**s** – avoir sommeil – un vieil ami – le gouvernail du bateau
2. Le portail du jardin est resté ouver**t**.

Faites observer que tous les noms lus sont accompagnés d'un petit mot (le, l', ce, un) qui indique le masculin.

Un chevreuil gambade dans la forêt.

53 ion = ion

cam**ion**

l	lion	lion
v	vion	vion
t — ion	tion	tion
n	nion	nion
z	zion	zion
p	pion	pion

jion   cion   sion   mion   dion   rion   kion   bion

CONSEILS PARENTS

Entraînez votre enfant à la prononciation en deux étapes : prolonger « i » avant de le faire suivre de « on », puis dire « ion » d'une seule émission.

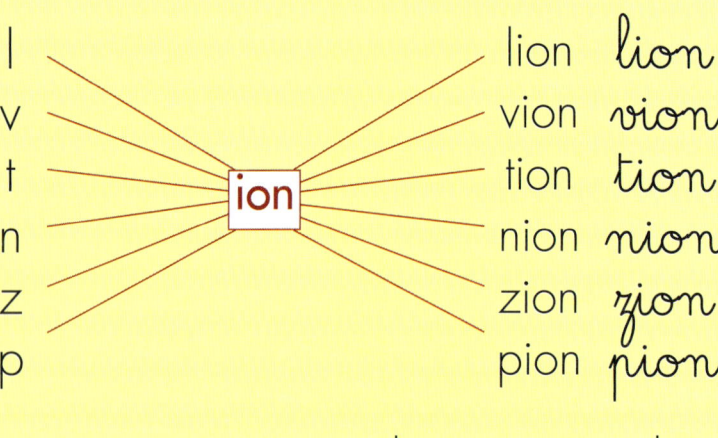

un l**ion**   l' a v**ion**   la té lé vi s**ion**

un lion   l'avion   la télévision

1. la réunion – une question – des révisions – le champion – le pion du jeu de l'oie – une émission de radio – une voiture d'occasion

2. Pourquoi ne répond-il pas à la question ?
(t)

La Bretagne est une région de France.

54 ien = ien

magicien

CONSEILS PARENTS

Insistez sur la formation du son.

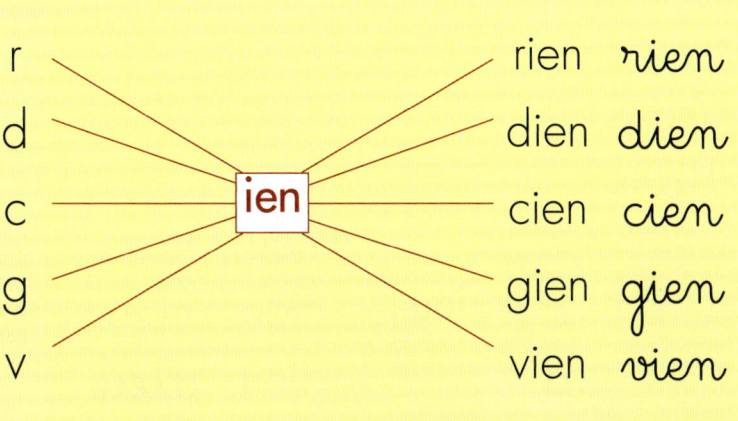

chien   bien   lien   mien   zien   nien   jien   sien

le chien   un Indien   le mu si cien

le chien   un Indien   le musicien

① rien – bien – le mien – le tien – le sien – le mécanicien – l'électricien – ce chirurgien – le pharmacien – un collégien

② Combien coûte cet objet ancien ?

Le gardien vient d'arrêter un but.

55

ian = *ian*
ieu = *ieu*

triangle

CONSEILS PARENTS

Entraînez votre enfant à la prononciation en deux étapes : prolonger «i» avant de le faire suivre de «an»/«eu», puis dire «ian»/«ieu» d'une seule émission.

v — ian — vian *vian*
pl — ian — plian *plian*
d — ian — dian *dian*

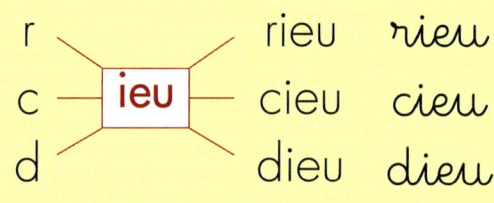

r — ieu — rieu *rieu*
c — ieu — cieu *cieu*
d — ieu — dieu *dieu*

frian   lian   rian   fian   mieu   lieu   pieu   vieu

des fr**ian** di ses — une a ll**ian** ce — un p**ieu**

des friandises   une alliance   un pieu

1 adieu – le milieu – de la viande délicieuse – un vieux mendiant – une chaise pliante – un animal confiant – une vendeuse souriante

2 Ce garçon est un étudiant sérieux.

Damien s'énerve pour rien : quel capricieux !

 **56** ti = « si »

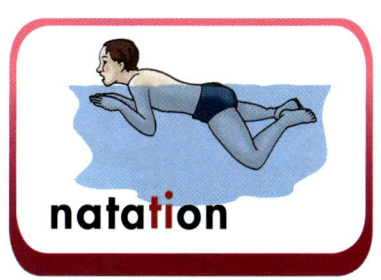
natation

t	ion	tion	tion
	ia	tia	tia
	i	ti	ti
	iel	tiel	tiel
	ieu	tieu	tieu
	io	tio	tio

tien   tia   tieu   tion   tiel   tio   ti

CONSEILS PARENTS

Précisez que cette graphie (ti) est peu fréquente. Rappelez l'utilité du dictionnaire et de la mémorisation des mots.

la di rec **ti**on   une i ni **ti**a le   une a cro ba **ti**e

la direction   *une initiale*   *une acrobatie*

1 la patience – l'inondation – la récitation – la récréation – l'essentiel – une condition – sa collection de décorations – être minutieux – un jeu de construction

2 L'élève a compté l'addition sans hésitation.

Le sorcier prépare une potion magique.

57 ui = ui

parapl**ui**e

c	cui	cui
tr	trui	trui
pl	plui	plui
p — ui	pui	pui
s	sui	sui
b	bui	bui

drui   fui   tui   rui   nui   lui   frui   brui

CONSEILS PARENTS

Entraînez votre enfant à la prononciation en deux étapes : prolonger « u » avant de le faire suivre de « i », puis dire « ui » d'une seule émission.

le p**ui**ts   la pl**ui**e   le b**ui**sson

le puits   la pluie   le buisson

① du cuir – un fruit – ma cuisse – le ruisseau – de l'huile – une huître – aujourd'hui – la suite de l'histoire – une fuite d'eau – un étui

② Qu'est-ce qui brille sans faire de bruit dans la nuit ? Le ver luisant.

La truie est la femelle du porc.

Pour la phrase « Qu'est-ce qui brille... », faites lire avec deux intonations ou lisez-la à deux voix.

58

st sp sl sc
sk squ sph

statue

or	stor	stor
é	sté	sté
i	sti	sti
an	stan	stan
y	sty	sty
eur	steur	steur

spa   sli   ski   squa   sphè   spec   scan   spleen

CONSEILS PARENTS

*Insistez sur la formation des sons dont les deux consonnes se prononcent. Faites siffler le **s** quelques secondes avant de faire prononcer la consonne suivante pour la mémorisation du son.*

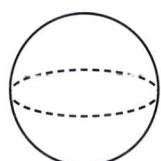

le **st**y lo   une **sph**è re   un **sc**a ra bée

le stylo   une sphère   un scarabée

① stop – mon slip – le scorpion – le squelette – le spectacle – la skieuse – le stade – un vaisseau spatial – le car de ramassage scolaire – les stand**s** de la kermesse

② Au square, il y a des balançoire**s**, un toboggan et un bac à sable.

Faire du sport est bon pour la santé.

59   y = y   Y = Y

crayon

a —[y]— on ayon *ayon*
         an ayan *ayan*

u —[y]— è uyè *uyè*
         au uyau *uyau*

oya   oyau   oyel   uyè   ayu   oyé   ayez   uyo

CONSEILS PARENTS

Faites observer que dans ce cas y = 2 i

A   une voyelle   l'écuyère   du gruyère

une voyelle   l'écuyère   du gruyère

Attention, gruyère est souvent mal prononcé à l'oral, insistez pour obtenir une lecture respectueuse du son.

① un voyage – des rayures – une frayeur – la balayette – un rayon de soleil – le tuyau d'arrosage – une incroyable aventure – payer le loyer – le noyau de la prune

② J'ai essayé un masque effrayant et je me suis fait peur.

Ce chien va-t-il aboyer toute la journée ?

x = *x*   X = *X*

ta**x**i

x	i	xi	*xi*	e		ex	*ex*
	é	xé	*xé*	a — x		ax	*ax*
	o	xo	*xo*	o		ox	*ox*

xa   xu   xeu   ux   ix   xé   xi   ex

CONSEILS PARENTS

Utilisez une glace pour que votre enfant voie ses lèvres et sa bouche en prononçant les syllabes.

un si le**x**   le sa **x**o pho ne   l'in de**x**

un silex   *le saxophone*   *l'index*

Insistez pour obtenir une bonne prononciation pour chaque mot.

① un texte – cet explorateur – l'extérieur – le klaxon de la voiture – un excès de vitesse – une excursion extraordinaire – une réflexion vexante – gagner un match de boxe

② Excuse-toi, même si tu ne l'as pas fait exprès.

Ce dîner était excellent.

Monette, la chouette, mène l'enquête. (partie 2)

La chambre du roi Lapin 1ᵉʳ a été fouillée, sa fiancée, la princesse Angora, enlevée… La police est sur les lieux.

– Ah ! c'est vous ! Bonjour commissaire, bonjour mademoiselle Monette, merci d'être venus aussi vite, dit le roi soulagé*. Regardez l'état de ma chambre ! Si ce n'était que ça, mais lisez ce message laissé sur le lit de ma fiancée, la princesse Angora. Et mon mariage dans une semaine ? Ah ! Les voyous, ils vont me le payer et très cher !!!
– Restez calme Majesté, dit Monette d'une voix douce, nous allons tout faire pour la retrouver mais avant, le commissaire doit vous poser quelques questions.
Puis en s'adressant à un inspecteur :
– Filez chercher le matériel pour relever les empreintes*.
Restée seule, Monette réfléchit à haute voix :
– Je me demande bien ce qu'il y a dans ce coffre. Si c'est un bijou, pas de doute, c'est le gang des Carotteurs qui a fait le coup. Ils sont spécialistes dans ce domaine et très malins.
Le commissaire Grand Duc l'interrompt* :
– Dans son coffre, le roi cache une carotte en diamant qu'il va offrir à la princesse le jour de leur mariage.
– J'en étais sûre, dit Monette. Allez, pas de temps à perdre, je file !
– Mais où allez-vous ? demande le commissaire.
Monette n'entend pas, elle s'est envolée pour une destination* qu'elle seule connaît.
Pendant que hibou Fouineur passe la chambre au peigne fin*, Monette se pose de branche en branche, de talus en talus pour interroger hirondelle, merle, taupe ou même ver de

* **soulagé** : le roi va mieux.

* **empreintes** : traces laissées par les bandits.

* **l'interrompt** : lui coupe la parole.

* **une destination** : l'endroit où elle va.

* **au peigne fin** : fouiller chaque détail sans rien oublier.

terre. Ils n'ont rien vu, rien entendu ! Sur la route, elle croise Radotton, le vieil âne du père Bougon.
– Salut Radotton, n'as-tu rien remarqué de bizarre ce matin ?
– Attends que je réfléchisse, répond l'âne en se grattant le crâne contre un arbre pour remuer sa mémoire. Y'a bien chez la sorcière des allées et venues jour et nuit, une bande de furets*, sûrement des mauvais garçons.
Au même moment, Monette reçoit un SMS de Fouineur :

TROUVÉ EMPREINTES DE FURET

– Génial Radotton, merci, je file !

* **furet** : animal blanc ou jaunâtre dégageant une mauvaise odeur, utilisé par les chasseurs pour faire sortir les lapins de leur terrier.

Grand Duc se pose à côté de Monette sur un chêne à quelques mètres de la chaumière de la sorcière.

– L'équipe est en place, ils attendent le signal ! annonce-t-il.
– Regardez commissaire, la forme attachée à la vieille chaise près de la cheminée… On dirait Angora.
– Bingo ! On y va ! dit Grand Duc visiblement très content.
– Non, attendons les furets, depuis le temps qu'ils nous échappent…
Il n'a pas le temps de répondre, les Carotteurs passent sous l'arbre. Aussitôt un long hululement perce le silence.
Course poursuite, porte claquée, cris de sorcière, jurons* de mauvais garçons… et le tour est joué. La sorcière et les furets arrêtés, la belle Angora libérée ! Quelques jours plus tard, hibou Grand Duc et Monette la chouette s'inclinent devant le couple royal.
– Sans nous, pas de mariage et plus de carotte en diamant, n'est-ce pas commissaire ? chuchote Monette à son chef.

* **jurons** : des gros mots.

61

y = y

sty**lo**

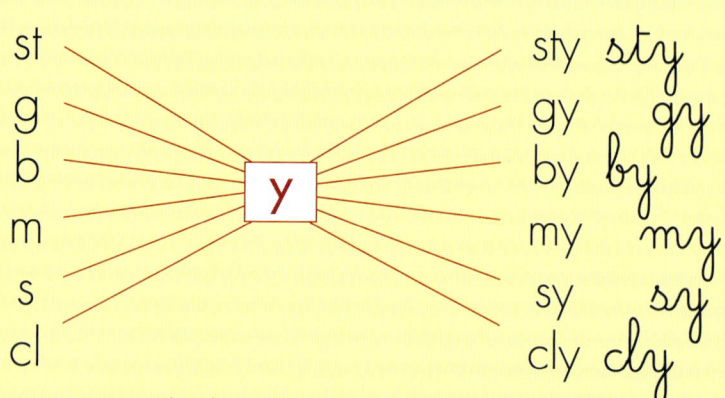

un pyjama – le lycée – un mystère – une syllabe – sa bicyclette – l'hydravion

le po ney

un yo yo

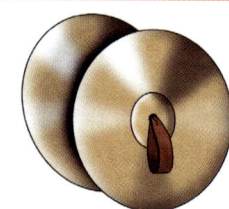
des cym ba les

CONSEILS PARENTS

Faites observer que dans yoyo, yaourt, hyène, yourte, yeux, le son est identique à io, ia, iè, iou, ieu.

le poney   un yoyo   des cymbales

un yaourt – la hyène – le yoga – une yourte – des yeux – être sympathique – mon tympan

Ce coureur cycliste sur piste a gagné une médaille de bronze aux jeux Olympiques.

Yvan photographie Yannick devant les pyramides d'Égypte.

62

x = « gs »   x = « s »   x = « z »

CONSEILS PARENTS

Faites exagérer la prononciation des mots pour mémoriser les différents sons produits avec la même lettre.

x = « gs »

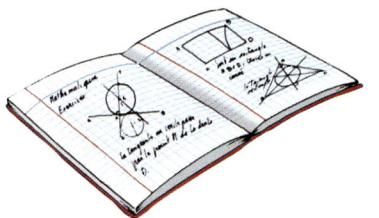

l' e **x**er ci ce

un exemple
le jardin exotique
exiger
exister
exagérer

x = « s »

si**x**

dix
soixante
soixante-dix

x = « z »

sixième
dixième
soixante dixièmes

le deu **x**iè me

À cause de ses caprice**s**, cette gamine exaspère toute**s** ses copine**s**.

Grand-mère aura exactement soixante-six ans demain.

63

w = w   W = W

ï = ï

le **w**a gon

Marie-Edwige

le ki **w**i

le water-polo – un wapiti

Marie-Edwige   le water-polo   un wapiti

du ma **ï**s

la mosaïque – une héroïne de B.D. –
un caïman – un bouquet de glaïeuls –
ce vase en faïence – être naïf –
se comporter comme un égoïste

du maïs   un caïman   un bouquet de glaïeuls

Le caïman à lunettes se nourrit de coquillages, de poissons et de serpents.

William a rempli de cailloux les wagonnets de son train électrique.

64

um = *um*

emme = *emme*

un al b**um** de photo s

le minimum
le maximum
des géranium s

le minimum   le maximum   des géraniums

une f**e mm**e

prudemment
évidemment
patiemment
violemment

patiemment   cette femme   prudemment

Jette un coup d'œil sur la jardinière de géraniums et tu apercevras une colonie de coccinelles qui se repose sur les feuilles.

Un mulot vient fréquemment nous narguer dans la cuisine.

65 ent = ent

Les nuages fil**ent**.

La poule picore.
Elle picore.

Les poule**s** picor**ent**.
Elle**s** picor**ent**.

Le cheval trotte.
Il trotte.

Les chevau**x** trott**ent**.
Il**s** trott**ent**.

Le hibou s'envole.
Il s'envole.

Les hibou**x** s'envol**ent**.
Il**s** s'envol**ent**.

Le vent souffle violemment ; les chapeaux s'envolent, les parapluies se retournent et les passants se dépêchent de rentrer chez eux.

Les chiens du voisin aboient puis ils se calment.

Je lis un e-mail

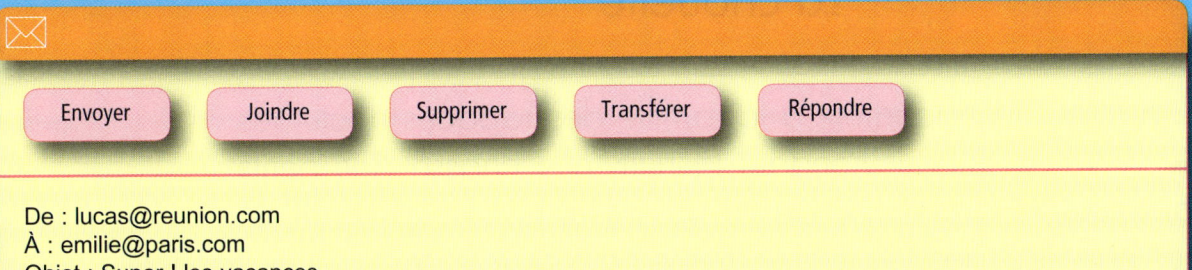

De : lucas@reunion.com
À : emilie@paris.com
Objet : Super ! les vacances.

Bonjour Émilie,
Je suis à l'île de la Réunion chez mes grands-parents. Ici, c'est magique : quand je me baigne dans le lagon, les petits poissons de toutes les couleurs tournent autour de moi pour jouer.
Avec mon papi, nous sommes allés à pied voir des cascades : on aurait dit un grand voile blanc qui tombait de la montagne. En aidant grand-mère à cueillir les litchis, j'ai aperçu un caméléon tout vert sur une branche d'arbre. Pour voir notre île, clique sur le lien en bas de l'écran. Je t'embrasse.

Lucas

notre île et son lagon

Je lis un texte documentaire

La chouette

La chouette appartient à la famille des rapaces nocturnes comme le hibou. Pendant la nuit, elle chasse des petits rongeurs*, des oiseaux, des chauves-souris, des grenouilles, des poissons, des serpents et même de gros insectes.
Grâce à son excellente vue et à son ouïe* très fine, elle repère facilement ses proies* qu'elle avale entièrement.
Elle pond entre 2 et 5 œufs par an (en avril-mai) qu'elle couve dans un trou d'arbre peu profond pendant 28 à 32 jours.

* **rongeurs** : le rat, la souris ou l'écureuil sont des rongeurs.

* **ouïe** : c'est le sens qui nous permet d'entendre les sons.

* **proies** : la proie est l'animal mangé par un autre.

Dans la forêt, on peut rencontrer la **chouette hulotte**, la **chouette chevêche** ou la **chouette effraie**.

La **chouette hulotte** mesure 38 cm et pèse entre 350 et 500 g. Elle a un plumage brun avec de grands yeux noirs qui voient une souris à 300 m !

La **chouette chevêche** mesure 22 cm et pèse entre 140 et 225 g. Elle a des sourcils blancs, le plumage de dessous gris chamois et des plumes blanches sur les épaules.

La **chouette effraie** mesure 33 à 35 cm et pèse 310 g environ. On dirait qu'elle porte un masque blanc en forme de cœur. Elle est surnommée « la dame blanche ».

Je lis une poésie

Les hiboux

Ce sont les mères des hiboux
Qui désiraient chercher les poux
De leurs enfants, leurs petits choux,
En les tenant sur les genoux.

Leurs yeux d'or valent des bijoux,
Leur bec est dur comme cailloux,
Ils sont doux comme des joujoux,
Mais aux hiboux point de genoux !

Votre histoire se passait où ?
Chez les Zoulous ? Les Andalous ?
Ou dans la cabane bambou ?
À Moscou ? Ou à Tombouctou ?
En Anjou ou dans le Poitou ?
Au Pérou ou chez les Mandchous ?

Hou ! Hou !
Pas du tout, c'était chez les fous.

Robert Desnos, « Chantefables et Chantefleurs »,
© Éditions Gründ, 1944.

Voici une grande histoire que tu peux désormais lire tout(e) seul(e) !

Lucien et l'arbre chouette

Lucien est fou de joie !

Il vient de déménager. Ses parents ont acheté une maison moderne, spacieuse et très « **écologique** » comme dit papa.

Des panneaux solaires sur le toit, une citerne pour **récupérer l'eau de pluie**, un poêle à bois pour les veillées en famille !

C'est vraiment le top !

Ce qui réjouit surtout Lucien, c'est le grand jardin à l'arrière de la maison avec ses allées en gravier fin pour rouler à vélo et faire des dérapages et sa pelouse tondue rasibus.

Génial pour jouer au foot avec les copains !

Son seul regret, c'est ce vieux pommier planté juste en plein milieu du jardin.

En plus, il ne donne que des petites pommes toutes ratatinées ! Il faudrait le dégommer, pense Lucien.
Un soir, alors qu'il range son ballon dans la cabane en bois, une petite voix chevrotante l'appelle…

« Lucien… Lucien… Lucien… »

Lucien se retourne… personne sauf le vieil arbre rabougri !
La voix l'appelle à nouveau :

« Lucien… Lucien… »

Pour sûr cela vient du pommier !

S'approchant de l'arbre, il découvre un petit trou d'où sort une tête toute ronde… C'est une petite chouette qui semble vivre là depuis belle lurette !

Elle a plein de choses à raconter à Lucien.

« Tu sais, il est bien triste ton jardin. Des sapins au garde à vous, des fleurs plantées en rang d'oignons, peu d'oiseaux, de trop rares insectes…
Et puis, j'ai entendu que tu voulais abattre mon vieux pommier, mon ami, mon abri, l'âme de ce jardin ! »
Lucien rentre tout penaud à la maison. Il rapporte sa conversation à son grand-père.

« **Elle a raison, ta chouette !** s'écrie grand-père. Ce jardin est tristounet, mais je peux t'aider à le transformer en petit coin de paradis. C'est l'automne, la bonne saison pour travailler la terre et planter ! »

Lucien, papa, grand-père, maman, tout le monde cherche dans des bouquins et sur Internet, des idées et des conseils pour le jardin.

À la mi-novembre, croquis à la main, Lucien retrouve son amie la chouette pour faire le topo.

« Regarde, ici, on va creuser une mare, on y plantera toutes sortes de plantes : des iris d'eau jaunes, des joncs fleuris, des roseaux et même de la menthe d'eau. J'aime bien son odeur, ça sent le chewing-gum !

Puis, on enlèvera la haie de sapins et on la remplacera par des arbustes bien de chez nous : aubépine, sureau noir, sorbier… que des variétés qui donnent des fruits ! »

« Ah oui, j'oubliais, dit-il, on plantera plein d'autres arbres fruitiers : des pommiers, des pruniers, des cerisiers… rien que des variétés anciennes.

Près de la cabane, Maman voudrait bien créer un pré fleuri avec des coquelicots, des carottes sauvages, des trèfles des prés et même des orties ! ».

« On placera aussi des nichoirs à insectes et pour les oiseaux. Ça ne te dérange pas si on en met un sur ton pommier ? »

– **SUPER !!!** s'exclame la chouette. Ça va grouiller de vie, ici ! Et je vais enfin avoir un peu de compagnie. »

C'est alors qu'arrive grand-père, sourire aux lèvres et potimarrons à la main.

« Et si on faisait un potager ?

Un potager avec du romarin, de l'origan, du persil et… même des légumes oubliés ! Panais, topinambours, courges, rutabagas…
Ils ont des noms bizarres et de drôles d'allures, mais qu'est-ce qu'ils sont bons dans un potage ou un pot-au-feu ! ».

Dans les jours qui suivent, toute la famille se met au travail avant que n'arrive l'hiver…

L'hiver est là !

De la fenêtre de sa chambre, Lucien contemple son jardin aujourd'hui couvert de neige. Il fait froid, la mare est gelée, le pommier est nu comme un ver.
Lucien pense à la petite chouette, blottie dans le creux de l'arbre. Vivement le retour des beaux jours car il a hâte de voir les feuilles s'épanouir et les arbres fleurir… !

Le printemps est enfin de retour…

Le jardin est plein de vie ! Les plantes bourgeonnent, les insectes bourdonnent, les oiseaux chantonnent. La mare est peuplée de petits animaux… Ça fait :

Tchiptchip,

BZZZ,

flipflip….

Cinq ans plus tard…

Aujourd'hui est un grand jour. Grand-père et Lucien vont vendre leurs produits sur la place d'Armes. C'est le Marché aux anciennes variétés.

« Qui veut acheter mes confitures de fruits du jardin ? »

« Une petite soupe aux potirons, Monsieur ?
Un délicieux jus de pomme fait maison, Madame ? »

« Goûtez mes prunes au vinaigre ! »

« Elle est belle ma compote de rhubarbe, super mon sirop de sureau ! »

CE JARDIN, c'était vraiment une… CHOUETTE IDÉE !

Conception du conte : Valérie Sacchi et service Éco-conseil, édité par la Ville de Namur, Belgique, 2010.

Toi aussi, comme Lucien, tu peux faire entrer la nature dans ton jardin. Pour cela, il te suffit d'adopter quelques gestes sympas !

– Placer un nichoir pour les oiseaux.

– Réaliser une mare.

– Planter des arbres fruitiers d'anciennes variétés.

– Faire un potager avec des variétés de légumes oubliés.

– Semer des prés fleuris.

– Planter des haies d'essences bien de chez nous.

– Utiliser l'eau de pluie pour arroser le jardin.

– Fabriquer des nichoirs à insectes.

– Créer un refuge pour les hérissons.

– Utiliser des méthodes naturelles pour gérer le jardin.

Le **chouette** diplôme

du bon lecteur

décerné à :

_____

Année : _____   Ta signature :

Abécédaire

a A a A	b B b B	c C c C
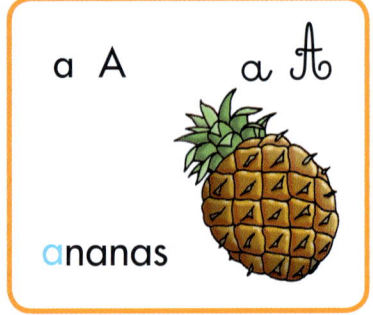 ananas	 ballon	 carotte
d D d D	e E e E	f F f F
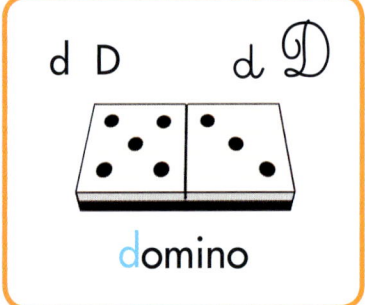 domino	 étoile	 fée
g G g G	h H h H	i I i I
 girafe	 hérisson	 île
j J j J	k K k K	l L l L
 journal	 kangourou	 lilas

m M m ℳ  **m**ûre	n N n 𝒩  **n**id	o O o 𝒪  **o**range
p P p 𝒫  **p**ie	q Q q 𝒬  **q**uille	r R r ℛ  **r**ose
s S s 𝒮  **s**apin	t T t 𝒯  **t**ulipe	u U u 𝒰  **u**niforme
v V v 𝒱  **v**ase	w W w 𝒲  **w**agon	x X x 𝒳  sa**x**ophone
	y Y y 𝒴  **y**o-yo	z Z z 𝒵  **z**igzag

Des **jeux de lecture** interactifs pour réviser en s'amusant !

Scannez ce code sur votre smartphone pour découvrir le site hatier-entrainement.com

→ Des **exercices** en maths et en français
→ Des **dictées audio** pour s'améliorer en orthographe
→ Des **podcast** d'anglais pour travailler la compréhension orale

Pour profiter de toutes ces ressources gratuitement, c'est facile : rendez-vous sur **www.hatier-entrainement.com** et identifiez-vous à partir d'un mot de passe contenu dans votre cahier.

HATIER POCHE

Premières lectures *
Je commence à lire tout seul

Premières lectures **
Je lis tout seul

Premières lectures ***
Je suis fier de lire

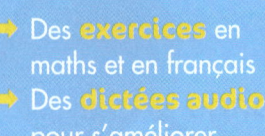
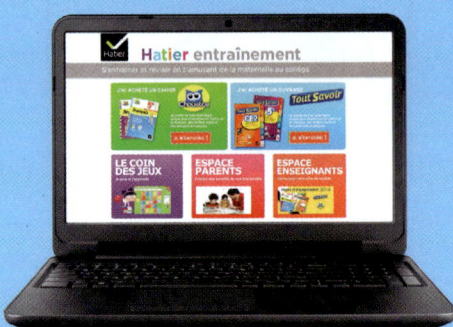

Crédit photo : p. 79 ph © S. Simonnet

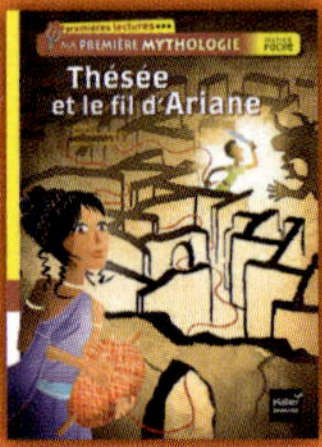

Hatier s'engage pour l'environnement en réduisant l'empreinte carbone de ses livres. Celle de cet exemplaire est de :
450 g éq. CO₂
Rendez-vous sur www.hatier-durable.fr

Achevé d'imprimer en France par Loire Offset Titoulet à Saint-Etienne
Dépôt légal n° 97859-3/02 - avril 2015